瀧ヶ平 悠史 著

明治図書

「対話」で学ぶ算数授業

学級全員で学び合うための
15のポイントと35のアイデア

はじめに

　新学習指導要領のキーワードの一つである「対話」。改訂の度に,このようなキーワードに右往左往し,解釈論議ばかりに時間を割くのには感心しません。ただ,「どうしてこの言葉が取り上げられたのか」を自分なりに考えてみることは,とても大切なことだと私は思っています。

　キーワードを受け身で捉えず,自分の授業を見直し,よりよい学びを実現するためのきっかけとして,積極的に生かしていくというわけです。

　私たち教師は,「主体的に考え,自ら学びを進めていくこと」を子どもに求め,その力を育もうとします。であるならば,教師自身もそうあるべきではないでしょうか。

　何年のキャリアであろうと関係はありません。常に自分のやり方を省み,今日よりも明日,よりよい授業を目指し続けることこそが,私たち教師が,教師であり続けるために必要なことだと考えるからです。

　これから子どもたちが歩む未来は,あらゆるものが急激に変化していく時代だと言われています。そこでは人の価値観すらも,たった数年で大きく変わっていくのかもしれません。

　何が本当に正しいのか,その答えが一つには決まらない

時代。そんな時代だからこそ，他者との「対話」が重要な役割をもつのだと私は考えています。

　自分一人で答えを決めつけず，他者との「対話」を通して最良・最適な答えを探し続ける力こそが，これからの時代を生き抜く子どもたちに必要な力だと思うからです。

　本書の中には，「対話」を通して学びを深めるための大切な考えや，具体的な方法がたくさん詰め込まれています。
　これらはいずれも，私がこれまでに出会った子どもたちから学んだ，大切な大切な宝物です。

　そんな，私にとっての宝物の一つ一つが，読者の皆様にとって自らの授業を見直す一助となるならば，こんなに嬉しいことはありません。

　「対話」の溢れる授業には，本気で他者と関わろうとする子どもの姿があります。「対話」の溢れる学級には，上辺だけではない本物の人間関係が生まれます。

　そんな，素敵な授業や学級が日本中に広がっていくことを願い，本書を世に送り出したいと思います。

2018年1月

瀧ヶ平　悠史

Contents

はじめに……………………………………………………………………002
本書の読み方………………………………………………………………008

1章
対話で学ぶ算数授業のポイント

1 子どもが働きかける「スキ間」をつくる……………………………010
2 「正しいこと」と同じだけ
  「正しくないこと」も大切にする………………………………………014
3 教育の世界の「当たり前」を見直す……………………………………018
4 授業をシステム化しない…………………………………………………022
5 話し方のハードルを上げない……………………………………………026
6 「つぶやき」を大切にする………………………………………………028
7 「〜たい!」を引き出す…………………………………………………032
8 寄り道を楽しむ……………………………………………………………034
9 混沌を避けない……………………………………………………………038
10 ズレを大切にする…………………………………………………………042

2章
対話を生み出す，子どもの意識づくりのポイント

11 最優先を「聞く・見る」にする......046
12 「問題を解く」から「みんなで学びを創る」イメージへ変換する......048
13 「問いストーリー」を授業の軸にする......052
14 「正解かどうか」より「どう思うか」を大切にする......054
15 人間関係を「対話」にもち込まない......056

3章
対話でつかむ！「問題提示」のアイデア

1 解けない問題にして提示する......060
2 問題文に「曖昧な部分」を入れて提示する......064
3 情報を多くして提示する......066
4 足りない部分をつくって提示する......070
5 「1つ分」を隠して提示する......074
6 ゲームにして提示する......078
7 問題文を区切って板書する......082
8 一瞬だけ見せる......086
9 一部分だけ見せる......090
10 結果だけを見せる......094

4章

対話につながる！「自力解決」のアイデア

11　机間指導で大きく「つぶやく」……098
12　自力解決を切り上げるタイミングを「子どもの姿」で決める……102
13　ノートづくりの軸を「板書を写す」から「自分の考えを書く」にさせる……106
14　「わからない」をたくさん書かせる……110
15　ノートにツイートを書かせる……114

5章

対話でつくり上げる！「全体交流」のアイデア

16　正解とは逆の立場に寄り添う……118
17　話を「黙って最後まで」聞かせない……120
18　「判断する場」を何度もつくる……124
19　話題に壁をつくる……128
20　「つなげる発言」から取り上げる……130
21　子どもの言葉をそのまま「問い返す」……132
22　板書に吹き出しを書く……136
23　「広がる板書」と「流れる板書」を使い分ける……140
24　○○だけ取り上げる……144
25　ペア交流を意図的に取り入れる……148
26　友達の「気持ち」を考えさせる……150
27　「間違い」を「間違いじゃなく」する……152

6章
対話で定着する！「まとめ」のアイデア

28 「プロセス」をまとめにさせる······156
29 まとめを1時間に3回書かせる······158
30 まとめの言葉を話し合わせる······160
31 板書の中からどれを写すかを選ばせる······162
32 最後にこそ「わからない」を言える場をつくる······164
33 「問題プレゼント」の場をつくる······166
34 数値を変えて考えさせる······168
35 場面を変えて考えさせる······170

おわりに······173
参考文献······175

本書の読み方

　本書は，＜1章＞＜2章＞＜3〜6章＞の三部構成となっています。

　＜1章＞では，「対話」を通して学びを深める算数授業をつくる上での教師としてのスタンス（構えや考え方）について，10のポイントに整理してあります。

　また，＜2章＞ではそれを基にした授業づくりを進めていく際に，子どもに「意識させたいこと」や基本的に身に付けさせておきたい「学び方」について，5つのポイントに整理して述べました。

　これらは，3章以降で紹介する手立てを実際の授業に取り入れていく際の土台となるものばかりです。

　＜3章〜6章＞は，それぞれ授業の様相に合わせ，問題提示，自力解決，全体交流，まとめの順に，「対話」を通した算数授業づくりの具体的な工夫やアイデアを紹介しています。

　1章・2章を踏まえてお読みいただくと，その意図や背景がより理解しやすいと思います。

　また，文章中には特に大切なことは**太字**，「どのような対話が生まれるか」や「対話が生まれた結果どのような効果があるか」については下線　　　で示してあります。

1章

対話で学ぶ
算数授業の
ポイント

ポイント 1

子どもが働きかける「スキ間」をつくる

❶「スキ間」のない授業の導入

ある授業の始まりのことです。

チャイムが鳴り終わるとすぐに黒板に貼られる大きな画用紙。そこには，びっしりと問題文が書かれています。

子どもたちはそれを見るなり，何も言わずにノートに問題文を書き写し始めました…。

…実はこれ，若い頃に私がやっていた授業の様子です。

このように始まる授業には，必ずと言っていいほど子どもたちの間に「対話」はなく，ただただ，重苦しい空気が教室中に漂います。

いったいなぜ，このようなことが起きるのでしょうか。

その原因は，授業中の「スキ間」にあります。上で紹介した私の授業には，**子どもたちが「対話」を通して学びを深めていくような「スキ間」がなかった**のです。これが，重苦しい空気を生む，最大の要因でした。

この「スキ間」とは，子どもたちが問題に働きかけてイメージを膨らませたり，自由に思いを表現したりするような「時間」や「場」のことを指します。

きっと,上記のような問題提示では,子どもたちが問題文を黙々とノートに書き写す姿を想像されるのではないでしょうか。

そこには,**この問題に自ら働きかけたり,問題場面のイメージを膨らませて他者と「対話」したりする「スキ間」は存在しない**のです。

❷決められた道しか許されない授業に,子どもは心を閉ざす

一方で,私の授業では,自力解決や全体交流の場面でも同じような状況が起こっていました。

自力解決中は黙って静かに取り組ませる。全体交流は,教師が抽出した児童に画用紙などを渡し,予め解決方法を書かせておく。交流での指名順番はすでに決めてある上に,それ以外の考え方は基本的に扱わない。

私は,このような手立てが授業を上手く進めるコツだと思っていました。ですから,もちろん,自分のやっていることを疑いもしませんでした。

このような手立てには,はじめに紹介した問題提示との共通点があります。

それは,子どもが問題や他者に働きかけたり,自由に思いを表現したりする「スキ間」がないということです。

結果，私の授業には，いつも重苦しい空気が流れていたというわけです。

決められた道しか許されていない授業の中では，子どもは「自ら動き出そうとする心」を閉ざしていきます。

そうして，最終的には自分から能動的に問題に働きかけたり，友達に自らの思いを表現したりする意欲を失っていくのです。

❸子どもが語らなくなるのはなぜか

このような状況に陥った学級を前に，私たちはよく，

「自分の学級の子どもたちは表現力が育っていない。学力が低い子が多いから自分で考えることがあまりできない」

などと，子どものせいにしてしまうことがあります。

確かに，思ったように子どもたちが育っていかないときは，それを子どものせいにしてしまいたくなる気持ちはよくわかります。

でも，**子どもが口を閉ざすのも，自ら考えようとしなくなるのも，全ては教師がそうさせてしまっている**ということを忘れてはいけません。

　本書籍でこれから紹介する多くの手立てには，そのような，私自身の反省から生まれた「子どもたちが働きかけるスキ間をつくる方法」がたくさん入っています。
　ぜひ，ご自身の学級の子どもたちに合わせて，積極的に取り入れていってほしいと思います。

　授業の中に生まれたその「スキ間」に，子どもたちも，はじめは戸惑うかもしれません。
　でも，そんなときは，「遠慮せずに，素直に自分の思いを口に出していいんだよ」と伝えてあげてほしいのです。

　きっと，その言葉に子どもたちは安心し，少しずつ声を出し始めるはずです。
　ただ，もちろん，これは**算数の授業だけの話ではありません。**
　日常的に，どんな場面でも「自ら働きかけることができる」「子どもが素直な思いを表現できる」，そんな「スキ間」をつくることを大切にしていくのです。
　そうやってつくり出したちょっとした「スキ間」に，子どもたちが本音で語り合う，豊かな「対話」が生まれていくのです。

ポイント2

「正しいこと」と同じだけ「正しくないこと」も大切にする

多くの授業で取り入れられている対話的な活動。

私は，そのような授業を多く参観する中で，そこで展開される「対話」と称されるものに**「共通点」**があることに気付きました。それは，**子どもたちが語る内容のほとんどが，自分の考えの「正しさ」の説明**だということです。

もちろん，算数の学びにおいて「正しさ」を説明することはとても重要なことです。でも，私は，それと同じだけ**「正しくないこと」の説明**も大切だと考えています。

❶「正しさ」だけを説明する授業

例えば，1年生「ひき算」の学習場面で考えてみます。

> りんごが合わせてお皿に7個あります。そのうち3個食べると，残りはいくつになるでしょうか。

このような問題を提示すると，子どもたちからは，「7－3」という式とは別に，「7＋3」という式が出てきます。問題文の「合わせて」に着目した子どもたちが，この場面を「たし算」だと捉えるからです。

多くの授業ではこの後，**「7－3の正しさ」の説明**が中

心となります。そして，7＋3の考え方は，いつの間にかなかったかのように話題から消えていくのです。

しかし，「7－3」が正しいからといって，**「7＋3」が「正しくないこと」を証明できたわけではありません。**

ですから，「7＋3」で考えた子どもたちの中には，「7－3が正しいことはわかったけれど，7＋3はなぜ間違いなのだろうか」という疑問が残っているはずなのです。

これは，たし算とひき算の意味の違いに関わるとても重要な疑問ですから，本来，授業の中で大切に取り上げていく必要があります。

では，この授業の展開の仕方を少し変え，「対話」の質とその学びがどう変化していくのかを見ていきましょう。

❷ 「正しくないこと」も説明する授業
T　たし算とひき算の式，2つ出てきたね。どっちの式なのかな？　（手をあげた子どもの中で，たし算だと考えている子を指名する）

C 問題文に「合わせて」と書いてあるからたし算だよ。
T 確かに「合わせて」と書いてあるね。じゃあ，たし算で間違いなさそうだね！？

このように，教師が「たし算」の考え方に寄り添っていきます。すると，ひき算だと考える子たちからは反論が出てきます。

C でも，絵にかいてみるとわかるけど，＋3だと3個もらうことになる。これだとお話に合わないよ。
C 食べるということは，7個の中から食べてなくなるということだから，3個取らなきゃいけないはずだよ。

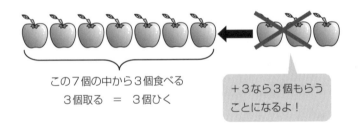

この7個の中から3個食べる
3個取る ＝ 3個ひく

＋3なら3個もらうことになるよ！

C でも，「合わせて」と書いてあるよ？
C それは，りんごが「全部で7個」ということじゃないかな。「7個に3個を合わせる」とは書いていないよ。
C 本当だ。「合わせて」だけど，ひき算なんだ！！

このように，「正しくないこと」にも光を当てることに

より,「子どもたちが問題場面をより具体的にイメージしていく場」が生まれるということがわかります。こうして,図と式と言葉を対応させた,質の高い「対話」が展開されていくのです。

　子どもたちはこの後,たし算とひき算の違いは表面的な問題文の言葉で決まるのではなく,その「場面の様子」で決まるということを捉えていきました。

　「正しいこと」だけの対話では,「なぜ,ひき算なのか」に留まっていた見方が,「正しくないこと」についての対話を取り入れた場合は,たし算とひき算の意味の違いにまで気付きを広げることができました。
　このように,**「対話」の質の違いは,算数としての学びの深さにも大きく影響**を与えるのです。

ポイント3
教育の世界の「当たり前」を見直す

❶教育の世界の当たり前が，
教師から「考える」ことを奪う

教育の世界には，たくさんの「当たり前」があります。でも，中には，根拠はよくわかっていないけれども，大切だと思われて用いられていることも多々あります。

例えば，「板書を丁寧に書くと子どもの学びが深まる，子どもがその時間の学びを振り返ることができる」とか，「小グループで交流をさせると全体での話し合いが活性化し，学びがより深まる」などと言われることがあります。

これ，全部，本当のことなのでしょうか。
意外と，「そういうものだ」と思い込んでいて，考えたことがないという方も多いのではないかと思います。

このように，**何かを「当たり前」にすることの怖さというのは，「当たり前」のことをもう一度見直したり，その意義を深く考えたりしなくなることなのです。**
つまり，**教育の世界の「当たり前」を増やすということは，それだけ教師から「考える」ことを奪うということに**

つながるのです。

　本当に大切なことは,「板書を丁寧に書く」前に,「なぜ,板書を丁寧に書く必要があるのか」を自分でよく考えることです。

　「小グループで交流をさせる」前に,「小グループで交流させるよさは何なのか」を自分でよく考え,明らかにしておくことなのです。

　そうすれば,**どんな理由で丁寧な板書や小グループの交流が必要なのか**が,自分なりに見えてくるはずです。

❷「当たり前」を疑う

　私たちが「当たり前」にしてしまっていることの中には,**意味も考えずにその方法だけを取り入れてしまうことで,子どもたちの間から「対話」を奪ってしまうもの**も多くあ

ります。

　例えば、「授業中は、静かに座って学習に集中させ、立ち歩かせてはいけない」などといったことを、私たち教師が「当たり前」だと思い込んでいることがあります。

　確かに、意味もなく立ち歩いて好き勝手にやられては、誰も落ち着いて学習などできません。
　ですから、これは**ある意味でその通り**だとも言えます。

　一方で、人間とは意欲的に学習に取り組んでいるうちに疑問が出てきたり、同じ考えの友達と話がしたくなったりすることが多々あるものです。

　このようなときには、「立ち歩いてはいけない」というルールは子どもたちにとって邪魔になってしまいます。
　立ち歩いた先で、友達との間に豊かな「対話」が生まれるかもしれないのに、ルールがあることによってその可能

性が閉ざされてしまうからです。

　このように，「どのような場面で，理由でその方法を取り入れていくのか」を深く考えずに，方法だけを学級の中で「当たり前」にしてしまうと，思わぬ弊害が生まれてしまうのです。

　ですから，どのような方法も，自身でその価値をよく考え，自分の学級にそれを取り入れるべきかどうかを判断する必要があります。

　今，ご自身の学級で「当たり前」にしていることがいくつもあると思います。それを一度，よい意味で疑ってみてほしいのです。

　もし，自分の授業に取り入れている方法について，**その意義を明確な根拠とともに答えられないものがあるとすれば，それは，もう一度見直してみる必要がある**のかもしれません。

　子どもたちに「対話」を通して学びを深めさせていきたい。本気でそう思うのなら，その土台にある学級や授業の中の「教師の当たり前」を，思い切って変えていく勇気が必要なのです。

ポイント4
授業をシステム化しない

　私たち学級担任は、子どもたちの日々の集団生活が円滑に進むように、学級の中のあらゆることを「システム化」していきます。

　「朝、学校に来たらまずは授業道具を出して、鞄をここに置いて、お手洗いに行って、読書をして、朝の会…」

　きっと、4月になると、日本中の教室で教師が子どもに「この学級ではどのように動くか」というルールをたくさん伝えているはずです。

　このようなルールによるシステム化というものは、学級運営上、ある程度は必要となります。大きな集団が同じ場を共有しながら動くには、そのようなルールがなければまとまらないことが多いからです。

　ただ、一方で、この**「システム化」の弊害があることも、私たち教師は理解しておく必要があります。**

❶「システム化」し過ぎることの弊害
　「システム化」するということは、そこに学級の中で暗黙のルールができるわけです。前項で述べたことにつなが

りますが，**そのようなシステムは，子どもたちにとっての「当たり前」になっていきます。**

　例えば，ご自身の学級の「そうじ当番」がどのように決められているかを思い出してみてください。
　多くの学級では，表やルーレットのようなものを使っているかもしれません。
　それがあることによって，子どもたちは当番の割り当てについて，毎日，いちいち迷わずに決められるわけです。

　一方で，子どもたちにとっては**「そうじ当番をどう決めるか」について，友達との「対話」を通して考える場**というものはなくなります。
　「もうすでにそう決まっているものだから，よほどの問題が起きない限り考える必要などない」のです。

　このように，**「システム化」するということは，良くも悪くも，子どもたちにとっての「当たり前」を増やしていくということなのです。**

❷学びにおける「システム化」の弊害
　これは，学習場面においても同じことが言えます。

・学習時間が始まったら必ず教科書を開く。
・ノートは必ず，○行目の○マス目から書く。

・指示をされたら，必ず教科書の問題を指差す。
・自力解決の時間は，話をしない。
・話はおへそを向け手を膝に置き黙って最後まで聞く。
・誰かが発表し終わったら必ず拍手をする。
・授業中は，先生が許可したとき以外は立ち歩かない。

…etc

　これらのルールは必要なときもありますが，私は**最小限に留めるべき**だと考えています。

　それは，繰り返し述べているように，**「システム化」することが子どもの中の「当たり前」を増やし，「子どもたちが自ら考え，対話する場」を奪ってしまうことにつながる**からです。

　算数を通してどの子にも「考える力を育みたい」はずなのに，「何も考えずにルールを守る子」に育てるというのでは，私たちが目指していることと育て方がズレてしまっています。

　例えばノートづくりなら，「どこからどのように書くと，なぜ，よいノートになるのかを，自ら考えられる子」に育てていくことが，本当に大切なことなのです。

❸システムを最小限にすることで，「対話」を生む

　日本の授業が，「問題解決授業」を大切にしてきたのは，**「何か問題が起きることで，子どもの中にそれを解決する必要感が生まれる」**からです。そして，**それを他者ととも**

に解決しようとするからこそ，様々な価値観がぶつかり合い，「対話」が生まれていくのです。

ですから，「システム化」をできるだけ少なくすることは，そのような「対話」につながる問題を生むためにとても重要なことだと言えるのです。

「システム」が何もなければ学級は崩壊してしまいます。
ですから，せめて何かきまりごとをつくるならば，教師自身が子どもと「対話」し，どうするべきかを共に考えた上で決めていってはいかがでしょうか。

そして，時折，その決まったシステムを見直し，再び学級全体の「対話」を通して修正する場を設けるのです。

きっと，そんな教室では，算数の授業だけでなく，生活のあらゆる場面で「対話」する子どもたちの姿が見られるようになるはずです。

ポイント5
話し方のハードルを上げない

❶「話し方のハードル」が上がっている状態

　ある会議で，何か発言をしようとしたけれども，その場に以下のような約束事があったならどうでしょうか。

・必ず結論から述べること
・大切なことを3つに整理して述べること
・簡潔明瞭で，誰にでもわかる言葉を使うこと
・「はじめに」「次に」のように述べること
・最後に，主張をもう一度明確に述べること

　　　　　　　　　　　　　　　　　　　　…etc

　きっと，せっかく話そうと思っていても，約束が多すぎて，話すことをあきらめてしまいそうになるのではないでしょうか。

　これが，「話し方のハードル」が上がっている状態です。このような場では，**思ったことを自由に発言できなくなり，議論を深めていく「対話」が生まれにくくなります。**

❷「話し方のハードル」を上げないからこそ表現力が育つ

　これは，授業でも同じことが言えます。発言する際に，

算数的に適切な言葉を使わなければならないという約束や，形式的な作法が多すぎると，子どもたちは自らの思いを素直に口に出せなくなっていきます。

　例え工夫した教材で子どもから「話したい」思いを引き出せたとしても，それが子ども一人一人の中で閉じてしまっては，そこに他者との「対話」は生まれません。

　ですから，授業では，子どもが発言するときの「話し方のハードル」を上げすぎないことが大切なのです。

　子どもたちの表現は，まだまだとても稚拙で十分ではありません。でも，**だからこそ，互いに言葉を補い合ったり，相手の言いたいことを読み取ろうと真剣に聞いたりする必要感が生まれます。**

　教師が一方的に「話し方」を押し付けてはいけません。
　誰もが，**気兼ねなく思ったことを自分の言葉で語れる，そんな場を学級につくっていくことが大切なのです。**

　そして，本音で語り合う「対話」から生まれた言葉を紡いでいくからこそ，形だけではない，本物の表現力が子どもたちに育まれていくのです。

ポイント6
「つぶやき」を大切にする

❶思ったことを素直に言える学級風土

「話し方のハードルを上げない」ことは,「対話」が生まれやすくなる状況をつくるために大切なことです。でも,**そもそも,思ったことを素直に言える学級,授業の風土があるかということは,それ以上にとても重要なこと**です。

私たち大人であっても,目の前に偉い方々が並び,唾を飲む音を出すことすら許されないような状況下では,なかなか周りの人と「対話」をすることなどできません。

このようなことを考えると,**授業の中で思ったことを言える環境をつくることが,「対話」を生むためにどれだけ必要なこと**かが見えてきます。

ですから,子どもたちが感じたことや思ったことを素直に表現できる,そんな場を大切にした授業が必要なのです。

❷子どもたちの思い込みを変える

子どもたちの多くは「授業中に勝手に話をしてはいけない」「発表するときには,最後まで上手に説明しなくてはいけない」などと思い込んでいるものです。

ですから，まずはそんな子どもたちに，「発言というのは，手をあげて発表することだけではないんですよ」と優しく伝えてあげてほしいのです。

　「友達の発表を聞いて，『ああ！　なるほど！』とか，『え？　なんで？』などと思うことがあるでしょう？　それは，そのまま，口に出して言っていいんです。これも，立派な発言です」

　こう伝えると，子どもたちは次第に安心して，自分が思ったことを，思ったときにつぶやくようになっていきます。

❸「つぶやき」を価値付け，生かす
　時には，手はあげられなかったけれど，素敵なつぶやきをしていた子などを積極的に取り上げ，価値付けていくとよいでしょう。

　「〇〇君は，授業の中で素敵なつぶやきが多いですね。友達の話をよく聞いているという証拠です」

　また，「今，〇〇さんが，『え？　なんで？』と言っていましたよ。その気持ちがみんなにはわかるかな？」と，ある子のつぶやきを取り上げて，全体に広げるのも効果的です。
　きっと，子どもたちは「この先生は，小さなつぶやきも

授業の中で生かしてくれるんだ」と思い，積極的に発言をするようになっていくはずです。

C ○○さんの気持ちがわかったよ！ きっと…
C ああ！ なるほど。やっと意味がわかった。
C そうそう，図でかく方がいいんじゃないかな。
C 確かに！ 図の方がもっとわかりやすくなるね！

このように，**素直な思いがたくさんのつぶやきとなって表れる授業の中では，それらが少しずつ結び付き，「対話」へとつながっていく**のです。

❹どんな「つぶやき」も受け止める覚悟

ただ，このように「つぶやき」を大切にする際，十分に注意してほしいのは，「教師が望んでいることばかりをつぶやく子ども」にしないことです。

教師は知らず知らずのうちに「無言の圧力（・期待）」を子どもに与えているものです。
子どもはそれを敏感に察知し，**教師が望む方，望む方に発言しようとする思いが働いてしまう**のです。

もちろん，算数の授業中に関係のないテレビの話をつぶやいていたなら，それは注意する必要があるでしょう。
でも，例え授業内容に沿った言葉だとしても，思ったこ

とを自由につぶやかせるということは，授業がスムーズに進むためには不都合な言葉や，困るタイミングでの発言が出てくるということでもあります。

　全てがこちらの思い通りにいくわけではありません。

　ですから，そのような発言が出てくることも覚悟した上で，**子どもたちのために「つぶやき」を大切にしていく**のです。

　都合よく，自分の望んでいることしか受け止めようとしない教師の前では，子どもたちはそれに合わせて振る舞おうとするのです。

　子どもたちは賢いですから，このような教師の考えをすぐに見抜きます。

　子どもの思いを大切にした授業をするためには，本気でそこに寄り添う，私たち教師の覚悟が必要なのかもしれません。

1章　対話で学ぶ算数授業のポイント

ポイント7
「〜たい！」を引き出す

❶「〜たい！」があるから「対話」になる

　私たちが目指している「対話」のある授業とは，決して「対話」そのものを目的にした授業ではありません。

　教科の本質にかかわる学習の目的があり，その**目的に向かって追究する過程に「対話」が位置付く授業**のはずです。

　そのような授業には，必ず，**子どもたちの「やってみたい！」「考えてみたい！」「解決したい！」などという強い思いがあります。**

　この「〜たい！」という強い思いに突き動かされるからこそ，自分と異なる意見をもっている友達と話し合いたく

なったり、同じ意見をもっている友達と、それを確かめ合いたくなったりするのです。

　このような子どもの内面からわきあがってくる強い思いのことを、元筑波大学附属小学校の正木孝昌氏は「たい」という言葉で表現されています（※）。

❷「子どもがどうして対話したくなるのか」を考える
　「対話」を授業の目的にせず、過程に位置付けるということは、**「子どもにどうやって対話させるか」ではなく、「子どもがどうして対話したくなるのか」を考える**ということです。

　本書籍でも様々な対話の方法を紹介していますが、**その根底には必ず「〜たい！」という思いが流れている**ことを忘れないでください。

　その思いを引き出すことを忘れ、場や方法だけを取り入れてしまっては、「対話」は形だけのものとなってしまいます。
　子どもの中に、学びの本質に向かおうという強い思いが生まれているからこそ、「対話」というものは成立するのです。

※正木孝昌（2007）『受動から能動へ──算数科二段階授業をもとめて』東洋館出版社

ポイント8
寄り道を楽しむ

❶一つの道しかない授業

　教員になってはじめての研究授業。私は，今でも当時のことをよく思い出すことがあります。

　いったいどのような授業をつくるべきなのかを毎日のように悩み，考え，私はすっかり疲れ切ってしまいました。

　このときの私の授業づくりの悩みのほとんどは，「こちらが考えたように子どもが動かなかったらどうしよう」とか，「期待している言葉を子どもが言ってくれなかったらどうしよう」とか，そんなことばかりでした。

　ですから，授業案も，子どもが余計な発想をしないように，余計な道にそれていかないようにと，一本の線路の上を歩くようなものになっていったのです。

　でも，**一つの道だけを進むような授業の中では，子どもは自由に考え，発言し，議論をしようとしません**。ですから，見せかけの交流はあっても，本当の意味での「対話」など生まれないわけです。

　それは，本章の＜ポイント１＞でも述べたように，授業

の中に,子どもが自ら問題に働きかける「スキ間」がないからです。

教師にとって都合のいいように授業することを考えれば考えるほど,子どもを一つの道に縛りつけるようなものになっていくというわけです。

結果,実際の私の授業では子どもたちは次第に口を閉ざしていき,教師ばかりが話すことになっていったのです。

❷授業は子どものためにある

私は,あるとき,大先輩の先生にこんなことを言われました。

「子どもからこんな発言が出ないようにしよう,発想が広がり過ぎないようにしようなどと考えるのは,全て教師の都合。授業は子どものためにあるのだから,**どんな思いや発言が出てこようと,それらを生かして展開していくという視点で授業をつくらないと**」

私はなんだか,頭を後ろからがんと殴られたような衝撃を受けました。**子どものためにと考えていた授業が,いつの間にか,自分のための授業にすり替わっていることに気付いた**からです。

子どもには**子どもなりの論理,思い**というものがありま

す。それは，決して**大人が考えるほど効率的で，最短距離を歩く道ではありません。**

でも，それを，無理やりこちら側に引き寄せようとすると，子どもたちの心は，波が引くように遠くに行ってしまうのです。

❸小さな疑問，発見を授業に生かす

そんな私は，今では授業の準備の仕方も考え方も，昔とは随分と変わりました。

今では，子どもの気持ちを想像し，とことん考え抜いた教材と手立てを用意すると共に，**最後まで子どもの考えに寄り添う覚悟をもって授業に臨んでいる**のです。

だから，子どもがどんな方向に考えようとしても，その思いを取り上げ，生かしながら授業を展開していくのです。
「この子が考えていることは，いったいどういうことなんだろう」そんな気持ちをもって，ワクワクしながら，ちょっとした寄り道も楽しんでいるのです。

すると，子どもたちも次第に自分の思いを伝え，友達同士で「対話」するようになっていきます。きっと，小さな疑問でも，発見でも，それが授業の中に生かされていくことに，子どもたち自身が気付くからでしょう。

「…なんで,そうなるの？」「きっとこんなことが言いたいんだよ」「つまりね,○○君は…」

 みなさんも,授業の中にあるたくさんの寄り道を子どもと一緒に楽しんでほしいと思います。
 意外にも,そんな寄り道の先にこそ,大切な発見があるものです。

 いや,**子どもが本当に宝物だと感じるものは,寄り道にこそ多く転がっている**ものなのかもしれません。

ポイント9
混沌を避けない

❶教師の使命

ここまでにも述べましたが,私たちは「子どもたちのため」に授業をつくっているはずが,いつの間にか,「自分のため」の授業づくりにすり替わってしまうことがあります。

だから,子どもたちの考えが広がり過ぎてしまったり,話し合いが混沌としたりすることがないようにと,授業をつくってしまうのです。

その方が,私たち教師にとって授業を進めやすいからです。

でも,授業は,どこまでいっても「子どものために」あるものです。

例え教師にとって大変だとしても,それが**子どもたちの学びになるならば,子どもの考えが広がり,混沌となるような場も大切にしながら授業を進められるようになる必要があります。**

子どもを育てる，それこそが，教育のプロである私たちにとっての使命だからです。

❷混沌の先に，本質的な理解がある

先日，私の職場の研究会議の中で，「見方・考え方が拡張する」とは一体どういうことなのか，ということについて議論となりました。

本校の教員が，それぞれ自分の専門教科の授業に置き換えながら考え，ああだこうだと話し合うのですが，なぜか，話せば話すほどよくわからなくなっていくのです。まさに混沌とした状況です。

しかし，そのような話し合いを繰り返すうちに，本当に少しずつですが，ぼんやりとそのことの意味が見えるようになってきました。

確かに，辞書を引けば「拡張」の意味は言葉として載っています。でも，それを読んだからといって本質的な理解や納得につながるわけではありません。

　混沌とした議論を繰り返したからこそ，はじめて，そのことの意味が少しずつ捉えられるようになってきたと言えます。

　つまり，**物事を本質的に理解するということは，そんなにすっきりとした簡単な道の先にあるのではなく，混沌とした道の先にある**ということなのです。

　そして，そのような**混沌の中には，確かに本質的な「対話」がある**のです。

❸混沌が「対話」の必要感を生む

　これは，子どもたちの学びにおいても同じことが言えるのではないでしょうか。

　私たちは，ついつい子どもたちが混乱しないように，わからなくならないようにと考えてしまいますが，それは，子どもにとっては余計なお世話なのかもしれないのです。

考えが広がり混沌とするからこそ，そこに「対話」の必要感が生まれ，何度も考え直し，わかり直す場ができます。

　だからこそ，私たちは「混沌」を恐れず，そのような場を大切にして，授業に位置付けていくべきなのです。

1章　対話で学ぶ算数授業のポイント

ポイント10

ズレを大切にする

❶人が何かに働きかけたくなるとき

「クリスマスと言えば?」と問われたら,誰もが「サンタクロース」や「トナカイ」とか,「鈴の音」なんて答えるでしょう。でも,そんなときに「海!」と答える人が隣にいたら,みなさんはどう思うでしょうか。

きっと,「え? どうしてそんな風に考えたの?」と聞いてみたくなると思います。もしかすると,その方はオーストラリア出身なのかもしれませんが,「海」という答えの背景には,その人なりの根拠が必ずあるはずなのです。

このように,**人は他者と自分の考え方の「ズレ」が明確になると,それに働きかけたくなる**ものです。ですから,そのような場に「対話」というものは生まれていくのです。

ただ、人が働きかけたくなるのは、必ずしも「ひと」だけとは限りません。「もの」や「こと」という場合もあります。

 十数年くらい前だったでしょうか。世の中にタブレット端末などと言われるものが出始めたとき、私はそれを見て、強い衝撃を受けたことを今でも覚えています。
 「早く触ってみたい！」そんな強い思いに駆られたものです。
 それは、今まで私が見てきた「もの」の姿と、タブレット端末というものの間に、大きなイメージの「ズレ」があったからです。

 一方で、もし、目の前で突然予想もしなかった出来事が起きたならどうでしょうか。
 やはりこの場合も、「え？　どうして？」「何でこんなことが起きたの？」と、そこに働きかけたくなる思いが生まれるはずです。

❷ズレが「対話」を生む
 このように、人とは自分と対象との間に「ズレ」を感じると、そこに自らかかわり、それと「対話」をしたくなるという心の働きをもっています。

 これは、授業でも同じことが言えます。**子どもと「ひ**

と」「もの」「こと」の間にズレが生まれるようにすることで，子どもの能動的な思いを引き出し，「対話」の場をつくることができるのです。

　その手立てについては3章以降で具体的に紹介していきます。

　ぜひ，そちらをご自身の授業にも積極的に取り入れていただければと思います。

　きっと，子どもたちの姿がみるみる変わっていくことを，授業者である皆さん自身も実感していくことができるはずです。

2章
対話を生み出す，子どもの意識づくりのポイント

ポイント11
最優先を「聞く・見る」にする

❶話し方のトレーニングでは話し合えるようにならない

　私の公開授業を見に来てくださった先生方から,「とてもよく話し合いをする子どもたちですね」という声をいただくことがあります。

　また,「どのような方法で,子どもたちがたくさん話し合えるようにしてきたのですか」などとも聞かれます。

　でも,私は子どもたちに何か特別な話し方のトレーニングをさせたり,話す方法についてコツを伝えたりしているわけではありません。

これまで，「話す」トレーニングについては何度も試みましたが，それだけで，子どもたちが話し合えるようにはならなかったからです。

　その理由は，子どもの中に，「話す」前に「聞く・見る」ということの意識が低いことにありました。この「聞く・見る」ということが先になければ，そもそも他者との「対話」など成立しないのです。

❷子どもの意識の優先順位
　「話す」だけの意識では，自分の伝えたいことを伝えるという一方通行の思いで完結してしまいます。きっと，低学年の子どもには特に顕著に見られる姿だと思います。

　一方で，「聞く・見る」という意識が先にあった上で「話す」があると，子どもは「聞いたり見たりしたことに対して話す」ようになります。この姿勢が，「対話」へとつながるわけです。
　つまり，「対話」とは一方通行の思いではなく，双方向の思いがなければ成立しないということです。

　ですから，子どもたちが学ぶときの意識の優先順位を，まずは「聞く・見る」，そして，「話す」の順になるように，その態度を価値付けていくことがとても大切になるのです。

ポイント 12

「問題を解く」から「みんなで学びを創る」イメージへ変換する

❶算数の学びで大切にするもの

算数の授業というと、「与えられた問題を解く」のがそれだと思い込んでいる子どもがいます。

これは、私たち教師が子どもたちに植え付けてしまった、「算数の学び」に対する概念と言えます。

このように思い込んでいる子どもたちは、例えば、自分一人で問題の答えを出せてしまうと、友達との話し合いには興味を示さなくなります。

「問題を解く」「正解を導く」ことが目的なわけですから、それが達成されれば満足してしまうというわけです。

残念ながらそこに「対話」は生まれません。

でも，本来，算数というものは，**論理的に考えることのよさを，他者と追究する過程を通して実感できる**教科です。

ですから，「問題を解けばいい」「正解にたどり着けさえすればいい」とイメージしている子どもたちがいるならば，それを，「算数の学びとは，みんなで考え，創る過程こそが大切なのだ」というイメージに換えていかなくては，本来の算数の学びを取り戻すことはできないのです。

❷みんなで学びを創る意識への変換

その具体的な方法は3章以降にも載せてありますが，大切なことは，教師が「普段から何を価値付けるか」ということです。

例えば，ある問題に対して子どもから間違ったアプローチの考え方が出されたとして，それの**「どこがどう間違っ**

ているのか」を明らかにするまで，学級みんなで寄り添い**
とことん考えていくことを一番に大切にするのです。

　そして，そうやって**「みんなで追究したプロセス」その**
ものを価値付けていくということです。

　よく，「誤答を大切にするべきだ」と言われることがあります。でも，これは，単に誤答を取り上げればいいというわけではありません。
　間違ってしまった原因を，「みんなで明らかにするプロ
セス」を徹底的に大切にしていくということなのです。

　だから，そんな大切な学びの場を学級みんなに提供してくれた素晴らしさを，誤答を発表してくれた子にはしっかりと伝えてあげてほしいのです。

　そうすれば，きっと，子どもたちの意識は少しずつ変わってくるはずです。

　学びとは，正解，不正解に限らず，**「どうしてそう考え**
たのか」をみんなで追究するプロセスが大切なのだと。

　「○○さんのこの考え方は間違いかもしれないけど，どうしてそう考えたのか，理由をすごく知りたい！　そうじゃないと，なんかスッキリしない！」

　これは,ある算数の授業の中で子どもがつぶやいた言葉です。

　私は,この言葉を聞きながら,「なんて素敵なことをつぶやくのだろう」そんな風に思いました。
　そこには,「みんなで学びを創る」ことを大切にする子どもの思いが表れているからです。

　こうした思いをもった子どもたちとなら,きっと,もっともっと豊かで楽しい算数の授業をつくっていくことができる。

　私は,そんな思いで毎日の授業に臨んでいるのです。

ポイント13
「問いストーリー」を授業の軸にする

❶授業とは, 小さな問いの連続

もう随分と前になりますが,「トイ・ストーリー」というディズニー映画がありました。その映画のタイトルに引っかけて「問いストーリー」という言葉を考えたのは, 以前, 私が受け持っていた学級のある女の子です。

この「問いストーリー」とは, つまり, **「授業って小さな『問い』の連続だよね」**ということを意味しています。

一つの問題を解決すると, 別の足りない部分が見えてきたり, 新たな問題が生まれてきたり。
授業というのは, 小さな問いがいくつもつながり, 重なり合い, それについて「対話」を繰り返しながら学びを深めていくものだということを, 子どもなりに感じ取って表した言葉なのです。

❷小さな問いの連続を軸にした授業をつくるために

私は子どもたちに,「周りの友達のちょっとした"?"を聞き漏らさないように, みんなで大切にしていこうね」と普段から話しています。

そして，子どもだけでなく私自身も，子どものつぶやき，表情から見える「小さな問い」を見逃さないようにと，いつも，全神経を研ぎ澄まして授業をしているのです。

　そんな**子どもたちの「問い」は，たとえ小さくとも，子どもたちが本気で考えたい「問題」**です。

　誰かに与えられたわけではない，自分自身の中から生まれてきた「問い」。それがつながる授業だからこそ，他者と共にそれを本気で解決したいという思いが子どもの中に生まれてきます。

　そこに，「対話」というものは生まれていくのです。

ポイント14
「正解かどうか」より「どう思うか」を大切にする

❶正否判定の習慣化

「いいです」

授業中,子どもたちのこんな声が響いている場面をよく見かけます。

私は,この「いいです」という子どもたちの反応の仕方に,少し違和感をもっています。

せっかくみんなの前で勇気を出して自分の考えを述べた人に対して,それが**「いいか」「悪いか」にだけ反応することを習慣化させてしまうことに問題を感じる**からです。

ここまでにも述べてきましたが,算数の学びにおいて大切なことは単に「正解」を導くことではありません。そのプロセスで「どう考えるのか」を,「対話」を通して学び合うことにあります。

そう考えたなら,結果として「いいか」「悪いか」だけを伝えるようなこの反応を子どもたちに習慣化させることは,やはり見直す必要があるのではないでしょうか。

❷「どう思うか」の先に他者との接点がある

私はいつも,「友達の考え方に対して,それが『正解か

どうか』よりも，自分が『どう思うか』を大切にして反応してあげようね」と伝えることにしています。
　友達の考えに対して自分はどう思うかを伝えるからこそ，相手もそれに対してどう思うかを返す余地ができます。ここに，「対話」につながる双方向の関係が生まれるのです。

　「え？　そうなの？　何で？」「ああ，なるほど！　だからかあ」「そうそう，僕も同じこと考えていたよ」「ということはさ，もしかして〇〇君が言っていることって…」

　どれも，友達の考え方に対して自分が思ったことを素直に表現した素敵な言葉ばかりです。

　「いいです」「だめです」という言葉の先には「対話」をする余地はありません。なぜなら，「正解」であるかどうかを判定することまでが目的だからです。それが終われば，話は終わりなのです。

　一方で，**他者の発言に対して「どう思うか」という言葉の先には，互いの思いや考えが交わる接点が生まれます。**
　そのような接点の先に，「対話」というものは生まれていくのです。

ポイント 15

人間関係を「対話」にもち込まない

❶「学びを深める」ための「対話」のあり方

「対話」は「学びを深めること」を目的に授業に取り入れるべきだということを述べてきました。

一方で,「学びを深める」ということは,表面的な話し合いでは実現することができません。

互いの話を批判的に聞き,素直に思ったことや疑問点を出し合う議論を積み重ねていかなければ,本質的な理解や納得には行き着かないからです。

確かに,気軽に話ができる環境をつくることは「対話」の場を生むために重要なことですが,最終的に議論を深め

ていくためには，**お互いの考え方に深くかかわっていく覚悟が必要**となります。

　自分自身に置き換えていただくと，よくわかると思います。互いの立場を気にして奥歯にものが挟まったような言い方ばかりをしていては，何時間話しても議論は深まらないのと同じなのです。

❷本気で議論する覚悟と，寛容さ

　ですから，**「学びを深めるための対話」を実現するためには，前提として，その「対話」に人間関係をもち込ませないことが大切だと考える**のです。

「仲良しだから，相手の意見の矛盾点を指摘できない」
「激しく考えをぶつけ合ったから，その後に仲が悪くなる」

　子どもたちがこのような態度では，本当の「対話」になどつながっていきません。

　私はいつも，子どもたちにはこんなことを伝えています。

「もしかしたら，自分が意見を言ったときに『それは，おかしいんじゃない？』という反論が出るかもしれません。でも，それは，相手がそれだけ真剣に自分の意見を聞いていてくれていたという証拠です。どうでもいい意見や，聞

いてもいない意見に対して，反論をしようとする人などいませんよね？　だから，相手は本気で聞いて，本気で考えてくれているということなんですよ」

　こうして，子どもたちはどんな場面でも堂々と自分の考えを述べ合うようになっていきます。
　そして，学級の仲間との本物の議論を通して，**見せかけの「対話」，見せかけの人間関係から脱却していく**のです。

　このような，**「人間関係をもち込まずに本気で議論する覚悟」**と，**「どのような考えをもった人をも認めることができる寛容さ」をもち合わせた心こそ，これからの時代をたくましく生き抜く子どもたちに必要な心な**のではないでしょうか。

　そして，それを育てるのは，誰でもない，私たち教師だということを忘れてはいけないのです。

3章
対話でつかむ！「問題提示」のアイデア

アイデア1
解けない問題にして提示する

❶解決のプロセスにこそ学びの価値を

算数が好きだという子にその理由を聞いてみると、「答えがはっきりしているから」「答えが一つだから」などといった言葉が返ってくることがあります。

本当はそんなことはないのですが、教科書や問題集に出てくる問題は、確かにそのような場合が多いものです。

でも、子どもたちには、「答えを求める」ことだけではなく、そこに至るまでの**プロセスにこそ学びの価値**をおいてほしいものです。

「答え」を出すことが唯一の目的であれば、授業は答え合わせの場となってしまいます。そこに、**多様な考え方を他者と「対話」する場**などないからです。

❷解けない問題で生む「対話」

ここで紹介する「解けない問題提示」という手立ては、そのような子どもの「学びに対する考え方」を大きく変えていくことにとても有効に働きます。

「解けない問題」と言われてもイメージしにくいと思い

ますので,次のような1年生で扱った教材を例に,その効果について説明したいと思います。

> バスに,はじめに8人乗っていました。バス停で5人降りました。次のバス停で4人降りました。
> いま,バスには何人乗っているでしょうか。

上記の問題文は,最初にバスに乗っていた人数よりも,途中で降りた人数の方が多くなっています。つまり,この問題は「解けない問題」になっているということです。

このように,教科書に出てくる問題文などの一部分を変え,問題自体を解けなくしてしまうのが,この手立てです。

手立て自体は,とても簡単に取り入れられるということがおわかりいただけたでしょうか。

このような「解けない問題」を提示すると,子どもは自ら絵をかいたり,ブロックを操作したりしながら友達と「対話」し始めます。

C　あれ？　この問題おかしくない？
C　え？　そう？
C　絶対おかしいよ！　だって，5人と4人降りたということはね，合わせて9人も降りていることになるでしょ？

合わせて9人！

　このように，子どもたちは，答えを求めるためではなく，「何が問題点なのか」を明らかにするために，他者と「対話」していくのです。

C　え？　意味がよくわからない。どういうこと？
C　別に9人が降りてもいいと思うよ。
C　だめだよ。はじめに8人だったということは…

　こうして，子どもたちは，「対話」を通して，問題場面のどこが矛盾しているのかを明らかにしていきました。
　そして，3つの数の計算方法を知ると共に，数量の関係への理解をより深めていくことができたのです。

❸答えが出ない理由を追究する場

「解けない問題」は，問題場面の捉え方について，他者と「対話」する必要感を生みます。この**「必要感」こそが「対話」においてとても大切**なことなのです。

子どもたちがこれからの人生で出会う問題は，答えが出なかったり，複数あったり，どれが最適なのかが明確にならないものの方が多いはずです。

算数という教科を通じて子どもたちに真の「問題解決の力」を育むことを目指すならば，このように，「対話」を通して「答えが出ない理由について」考える学びがあってもいいのではないでしょうか。

ただ，それは，私たち教師にとって，大きな授業観の変革を必要とするものかもしれません。

アイデア2
問題文に「曖昧な部分」を入れて提示する

「子どもたちが,問題文をよく読みません」

このような言葉を耳にすることがあります。確かに,子どもが問題文を最後まで読まずに,数値だけを見て式を立てたり,問題を解いたりするのはよく見られることです。

そんな子どもたちには,例えば,次のように問題文に「曖昧な部分」を入れて示してみます。すると,問題場面を具体的にイメージしながら学びをより深めていく,そんな「対話」が子どもたちの間に生まれていきます。

> 36枚の折り紙を,3人で分けます。
> 1人分は何枚になるでしょうか。

この問題,一見「わり算」のように見えて,実はそうだとは言い切れません。**「同じ数ずつ」という,わり算の大切なキーワードが抜けている**からです。

ところが,多くの子はそれに気付かず,すぐにわり算の式を立ててしまいます。子どもたちというのは,**一つ一つの言葉にさほどこだわって問題文を読んではいない**からです。

一方，この問題文がおかしいことに気付く子も中にはいます。そこで，その発言を大切に取り上げていくのです。

C1　あれ？　この問題文おかしいよ！
C2　おかしくないよ。わり算で簡単にわかるよ。
T　なるほど，わり算で解けそうなんだね？
C1　いや，この問題文ならわり算にならないと思う。
C2　え !?　どういうこと ??

　このように，子どもたちの中に「この問題場面はわり算であるかどうか」についての「対話」が生まれていきます。

C1　だって，"同じ数ずつ"という言葉が入っていないよ。
C2　確かに！　このままだと，どんな分け方でもいいことになる！

　こうして子どもたちは「わり算の場面かどうかがたった一つの言葉で決まる」ということを実感していくのです。
　日々の授業の中で，時々このようにして問題文に「曖昧な部分」を入れて提示する。これだけの手立てでも，子どもたちが**質の高い「対話」を通して，算数の学びを深めていく場をつくり出すことができる**のです。

3章　対話でつかむ！「問題提示」のアイデア

アイデア3
情報を多くして提示する

❶算数の学びを，実生活につなげる

　生活の中で，私たちの目の前に現れる様々な問題。それらを解決するには，実に**多くの情報の中から，解決に必要な情報を選び出す必要**があります。

　算数の問題集に出てくるように，解決に必要な情報だけがはじめから丁寧に示されているなんてことは，まず，ないわけです。

　このようなことを考えたなら，算数の学習においても**「必要な情報を選びぬく力」を育むことを，もっと意識するべき**なのではないでしょうか。

　「これが解決に使えるのではないかな」「いや，こっちの情報の方が必要じゃないかな」「どちらも使えるけれど，より便利なのは，この情報だと思う」

　このように，解決にどんな情報が使えるのかについての「対話」が生まれる場をつくることで，実生活の中でも，子どもたち自身が必要な情報を選び出し，問題を解決していく力を大きく高めていけるというわけです。

これを実現するのが,「情報を多くして提示する」手立てです。

❷「情報を多くして提示する」方法

> 1個20円のあまそうなりんごのあめと,1こ30円のからそうなミント味のガムが売っています。3個入りのあめの袋が5つ。2個入りのガムの袋が4つあります。
> いま,あめの袋を4つ買おうと考えています。合計,いくらになりますか。

これは3年生のかけ算の学習で扱った問題です。このように,解決に必要な情報以外にも多くの情報を入れて問題を提示するのがこの方法です。

大切なことは,**算数的な情報以外も入れる**ということです。上記の問題文で言えば,「からそうなミント味」のように,算数的には問題の解決に全くかかわらないけれども,実際の生活場面では意識するような情報を入れるのです。

こうして,子どもたちが実際に出会う現実の場面に少しだけ近づけて問題を提示していきます。

このようにすると,一見,随分と難しそうな問題に見えますから,「うちのクラスではできないのではないか」と

思われるかもしれません。

でも、そう思う方こそ、ぜひ、この手立てを一度取り入れてみてほしいのです。子どもたちは教師の想像以上によく考えます。そして、友達との「対話」を通して、しっかりと情報を取り出していくことができるのです。

C　えっと…どれを買うんだったっけ？
C　あめを買うと書いてあるよ。だから、まず、ガムのことは考えなくていいんじゃない？
C　あめは1こ20円で、1袋の値段はわからないけれど、とにかく4袋買ったんだよね。

このように、子どもたちは目的に照らし合わせて、どの情報が必要なのかを「対話」を通して整理していきます。算数が苦手な子たちも含め、どの子も積極的にこの「対

話」に参加していきます。難しそうな問題にもかかわらず，子どもたちはここに能動的に働きかけていくのです。

❸算数の問題よりもずっと複雑な日常の問題場面

考えてみると，これは当たり前のことなのかもしれません。**子どもたちが日常生活で出会う問題場面は，これくらいの複雑な状況がいくらでもある**からです。

子どもたちにとっては，情報が限定された無味乾燥な問題よりもよっぽど現実的で，取り組みやすい問題場面なのです。

逆に，**複雑な状況だからこそ，それを「整理したい」という思いが生まれてきます**。そして，**一人の力だけで解決していくには難しい問題だからこそ，他者と「対話」する必要感が生まれてくる**のです。

3章　対話でつかむ！「問題提示」のアイデア

アイデア4
足りない部分をつくって提示する

❶自由にイメージを広げる場

「足りない部分」があると補いたくなるのが人間の心理。もし，パズルが1ピース欠けていたなら，誰だって自然とそこを埋めたくなるものです。

そんな心理を授業づくりに利用した問題提示の手立てが，「足りない部分をつくって提示する」という方法です。

代表的なものに，マスキングという手法があります。問題文の数値などを□にして提示する簡単な方法です。ただ，意外と「この手立てを上手く使いこなせない」という話もよく耳にします。

この手立てで大切なことは，**□に当てはまるものを，子どもに自由にイメージさせる**ことです。なぜなら，その自由な発想の場にこそ，「対話」が生まれる「スキ間」ができるからです。

> □枚の折り紙を3人で同じ数ずつ分けます。
> 1人分は何枚になるでしょうか。

例えばこのような問題を出したとします。はじめの頃は，「このままじゃ解けないよ」などといった反応が子どもから返ってくるかもしれません。

　そこで，「なるほど。このままでは何もわからないんだね？」と問い返します。

　すると，「□を使えば式はわかるよ」「わり算になることだけはわかる。だって3人に同じ数ずつ分けるってことは…」と，問題場面がわり算であることが次第に明らかになっていくのです。

　式を明らかにしたら，今度は子どもたちに□に入る数値をいろいろと考えさせ，問題場面のイメージを十分に膨らませる時間をとります。

C　③だったら一番簡単だよ。③÷3だね。
C　うん。あと，㉚とかでもいいんじゃない？
C　⑥とか，⑨とかでも簡単だよ。

3章　対話でつかむ！「問題提示」のアイデア　　071

T え？ そうなの？ 6とか9なら本当に簡単？
C だって，3人で分けるということは，枚数が3の段の数だったらいつでもわれるってことになるでしょ？
C 30枚の場合は，10枚ずつの束で考えればその束が3つということになるから…

　こうして，子どもたちは<u>「対話」を通してこれまでの学びについて振り返っていきました。</u>

　たった1か所□の場所をつくるだけでも，**子どもが必要感をもって「対話」をし，自ら既習に目を向けていく時間をつくることができる**のです。

❷学びを振り返る「対話」

　「足りない部分」をつくるという方法は，何も数値を□にする方法だけではありません。慣れてきたなら，もっと大胆に授業の中に取り入れてみましょう。

> 12個入りのおまんじゅうの箱があります。
> 4人

　これだけ書いて，一度手を止めます。

C え？ もう終わり？ これじゃあ，わからないよ。
C 続きは自分たちで考えるってこと？

T 続きを考えられるんですか？
C この文なら，何算にでもなるよ！
C かけ算はできないと思うけど…
C いや，できるよ！ だって，例えば「4人がこの箱を1つずつ持っていたら，おまんじゅうは全部で何個ですか？」なら，かけ算になる。

　この後子どもたちは，一つの問題文からたし算，ひき算，かけ算，わり算の4つの場面を明らかにしていくことができました。
　問題づくりの「対話」を通して，四則計算の場面をひと通り振り返ることができたのです。

　このように，「足りない部分をつくる」提示とは，子どもたちから問題場面を具体的にイメージする姿を引き出し，それを，学びを振り返る「対話」につなげていくことができるものなのです。

アイデア5
「1つ分」を隠して提示する

「1つ分」とは，算数・数学の世界ではとても重要な意味をもちます。そもそも，数量の大きさを表したり比べたりする際の基準となるものだからです。

例えば，私たちが普段使っている定規の1cmが，明日から急に違う長さになったとしたら…。きっと，私たちの生活は大混乱してしまうはずです。

つまり，**基準となる「1つ分」を捉えることは，私たちにとってそれだけ重要**だということなのです。

そのような，「1つ分」について考える「対話」を生み，その理解を大きく深める手立てが，「『1つ分』を隠して提示する」という方法なのです。

❶基準を自分で決める場

2年生の学習を基に，この方法について考えてみましょう。

まず，次のような数直線を示し，「6000はどこかな？」とだけ問います。

C　簡単！　簡単！　目盛りを数えていけばわかるよね。
C　え？　でも，これだとどこかわからないんじゃない？
　　1目盛りがいくつなのか書いてないよ。
C　確かに。0しか書いてないもんね。
C　でも…わかるよ！　僕は2カ所あると思う！
C　え？　どういうこと？

　この数直線を見せるだけで，子どもたちは途端に友達とこのような「対話」をし始めます。

　そこで，「まずは，自分が6000だと思うところに矢印（⇓）をつけてごらん」と伝え，数直線のかかれたプリントにかき込ませます。

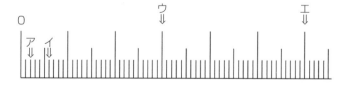

子どもからは、これ以外の見方がいくつも出されましたが、その中で特に多かったのがこの4つの見方です。読者のみなさんは、この4つの場所を6000だと考える子どもたちの気持ちがわかるでしょうか。

❷ 「1つ分」について「対話」する場

　これらの考え方を取り上げ、黒板に貼った数直線に矢印をかき込ませると、早速、「6000の場所」についての「対話」が始まります。

C　エはわかるよね。もし1目盛りを100と考えたら…。
C　きっとイは、1目盛りを1000と考えたんだよ。
C　なるほど。だから6目盛り目だったんだ。でも、ウが何で6000なのかな。

　書き込んだ矢印の場所の違いから、「なぜ、そこを6000と見たのか」という思いが子どもの中に生まれ、<u>1目盛り</u>

の見方についての「対話」につながっていったのです。

C ウは，大きい目盛りが3つ分のところに矢印がついているから，大目盛り1つ分が2000と考えたんだ！
C ということは，アは小さい目盛り2つ分のところが矢印になっているから，小目盛り1つ分が…。

こうして，子どもたちは「1目盛りをどう見るか」についての「対話」を通して，「1つ分を柔軟に見る」という，高学年の割合にもつながる大切な見方を身につけていきました。

この手立ては，低学年から高学年まで，様々な学習の中で取り入れていくことができます。

例えば，面積の1単位面積を1cm²の正方形の半分の，直角三角形にしたら…。
グラフの縦軸の数値を隠して示したら…。
秤の目盛りの数値をわざと消して示したら…。

きっと，子どもたちは「1つ分」が何なのかについて「対話」をし始めるはずです。
そして，その度に**「1つ分」をどう見るかということの重要性を実感**していくのです。

アイデア6
ゲームにして提示する

4年生の分数の学習では，次のような問題が教科書で扱われています。

> $\frac{3}{4}$と大きさの等しい分数を3つ書きましょう。

ここに，「ゲーム」という手法を教材の中に取り入れてみます。

すると，子どもたちは「勝ちたい」という強い思いから，自然と「どうやったら勝てるのか」などについて，友達と「対話」をし始めます。そして，結果的にはその「対話」が，算数的に大切な気づきへとつながっていくのです。

❶算数の学びを深めるゲーム化

例えば，先ほどの4年生の分数の場面であれば，神経衰弱のようにしてやってみるのも一つの手です。

子どもたちはゲームが大好きですから，「神経衰弱をやるよ」と言うだけで，教室は大盛り上がりです。

はじめ，子どもたちはまだ「神経衰弱」をするということだけしか知らされていませんから，詳しいルールは何もわかっていない状態です。

まず、1人の子を指名して、その子にカードを2枚引かせます。すると…$\frac{3}{21}$と、$\frac{6}{8}$という数字が現れました。

これを見た子どもたちからは、「わかった！ これ、同じ大きさの分数を見付ければ当たりってことなんじゃない？」などという声が聞こえてきます。

こうして、「何をそろえる神経衰弱なのか」というルールがどの子にも見えてきます。途端に、子どもたちは、夢中になってゲームに取り組み始めます。中には、おもてにされたカードの分数と等しい大きさの分数を、予めノートにいくつも書き始める子までいます。

C あ！ さっき同じ大きさの分数あったんじゃない？

C あった、あった！ 確か…$\frac{6}{18}$だっけ。

C え？ $\frac{6}{18}$じゃなくて、$\frac{6}{8}$だよ！

C　確かに。$\frac{6}{18}$だとおかしいよ。だってさ…

　こうして，子どもたちはゲームをきっかけに生まれた「対話」を通して，等しい大きさの分数について何度も何度も考え，理解を深めていくのです。

❷ゲーム化の方法

　先ほど紹介した神経衰弱という手法は，等しい比や，合同・相似な図形など，様々な学習場面に応用することができます。

　一方で，他にもゲーム化の仕方はあります。例えば代表的なものに，「くじ引き」にするという方法があります。

　この方法では，次のような学びをつくることができるのです。

　まず，はじめに学級を2つのチームに分けます。

　そして，「400に近い数をつくろう！」と言って，用意された封筒（0〜9の数カードが入っている）からチームの代表者にカードを交互に1枚ずつ引かせていきます。

　これを，2回繰り返し，次の図のように一の位，十の位に順々に置かせていくのです。

　このとき，400に近い数をつくることができた方が勝ちというわけです。

- C Bチームは,次に1か2を引けば勝ちだよ!
- C 1はもう出ているから,2を出すしかないよね?
- C え? どういうこと?
- C Aチームが,1をもう引いちゃっているから,封筒の中にはないでしょ?
- C なるほど。じゃあ,残っているのは,2,3,4,6,8,9だね。

　子どもたちは,<u>次にどんな数が出れば400に近くなるのか,そのイメージを膨らませながら,友達と勝ち方について「対話」していきました。</u>

　そして,<u>その「対話」は,結果的に数の仕組みへの理解をより深めていくことにつながっていったのです。</u>

　このように,**子どもたちの主体性を強く引き出し,算数の本質的な理解へとつなげていく**ことができるのが,「ゲーム化」という手法のよさなのです。

アイデア7
問題文を区切って板書する

　私が現在いる職場では，毎年，たくさんの教育実習生を受け持つ機会があります。その期間は毎日の授業の多くを学生が行うことになるので，私は見る側に徹するわけです。

　すると，面白いもので，普段，自分ではあまり意識していなかったことに，気付かされることが多々あります。

　例えば，問題文を提示するときのことです。学生の方ははじめ，必ずと言っていいほど黒板に向いたまま問題文を書き続けます。もちろん，子どもたちはその間，黙ったままその問題をノートに書き写すのです。

　実はこれ，**授業の中で最初に生まれる「対話」の場面をみすみす捨ててしまっている**，もったいない行為なのです。

❶問題文を「区切る」とは

　このようなときに有効なのが，「問題文を区切って板書する」という問題提示の手法です。

　「区切って」とは，問題文を一度に全て書いてしまわず，少しずつ間を空けながら書いていくということです。

　5年生「小数のかけ算」の場面を例にお話しします。

> 1mの重さが1.8kgのパイプがあります。
> このパイプ4.2mの重さは何kgでしょうか。

この問題文を一度に全て見せるのではなく，区切りながら少しずつ提示していきます。みなさんなら，どこで区切ろうと考えるでしょうか。

実は，この**「どこで区切るか」を考えることが，どんな質の「対話を生むか」ということに大きく関わっていきます。**

私なら，次のように区切って提示するでしょう。

| 1mの重さが1.8kgの | パイプがあります。 |
| このパイプ | 4 | .2mの重さは何kgでしょうか。|

大切なことは，**「問題文を書き写している時間は，一緒に問題をつくっている時間」だということを子どもに意識させていく**ことです。

ですから，区切ったときに，子どもがその先を想像してつぶやく言葉を大切に取り上げていく必要があります。

❷区切るたびに，子どものつぶやきを取り上げる

まず，「1mの重さが1.8kgの」と書いたところで一度書くのを止めます。すると，子どもたちからは

C え？ すごく重たくない？

C リボンとか紙テープとかじゃないよね。

C 綱引きの綱じゃない？

C それじゃあ短すぎるでしょ。

などといった発言が出てきます。

このような場を大切にするのです。このとき，子どもたちは問題文を書きながらも，場面のイメージを大きく膨らませて友達と「対話」しているからです。

「パイプがあります。このパイプ」ここまで書いたら，再び板書する手を止めます。

C 「このパイプ…」と書いているから，きっと違う長さの場合を考えるんじゃない？

C これ，かけ算だよ。

C 私もそう思う。1mで1.8kgだから，例えば2mで何kgでしょう？ とか。

C □を使えば，もう式で表せるよ！

こんな言葉が出てきたなら，その言葉に寄り添い，式を立てさせてもいいでしょう。

T じゃあ，□を使って式を書いてごらん。

C 1.8×□だ！ もし，□が2なら，1.8+1.8で…

ここで，問題文の続きの「4」を書きます。

C ああ！ できそうできそう。簡単だよ！
C 確かに，足し算でできる！

そんな子どもたちの言葉が聞こえてきたのを見計らってさらに続きを書きます。

「.2mの重さは何kgでしょうか」

C ええ!? こっちも小数かあ。
C とりあえず，4mまではわかるよね。だから…0.2mが何kgなのかが問題だ！

このような問題提示は，一度に問題文を書き上げるよりもはるかに時間がかかります。でも，そこには<u>「対話」を通して広がる問題場面の確かなイメージ</u>があります。そして，「0.2mの重さをどう考えればいいのかが問題だ」という，<u>明確な問題意識が生</u>まれるのです。

子どもたちと共にゆっくりとイメージを膨らませながら問題場面をつくっていく。これが，子どもたちの間に「対話」を生み，解決に向けた強い思いを引き出していくことにつながるのです。

アイデア 8
一瞬だけ見せる

　もし，目の前を何かが一瞬横切ったなら…，「あれ？今のは何？」「もしかして〜かな？」などと，その正体について近くの人と話したくなるのが人間というものです。

　好奇心や期待感，不安感が入り混じったこの気持ちは，誰もが感じたことがあるのではないでしょうか。

　このような気持ちが，私たちを他者との「対話」に向かわせるのです。

　これを，授業の問題提示場面にも取り入れてみます。

　すると，子どもたちはその対象に強く引き付けられ，「ああではないか，こうではないか」と互いの予想を基にした「対話」をし始めるのです。

❶ 「一瞬だけ見せる」ことで,
子どもの主体的な姿を引き出す

例えば,次のような絵がかいてある紙を用意し,一瞬だけ子どもたちに提示します。(見せたらすぐに隠す)

C あ！ みかんが1個だけあった！
T え？ 本当？ そうかなあ。みかんなんて,どこにもなかったと思うけどなあ。
C 絶対あったよ！ もう一度見せて!!

子どもたちは,一瞬だけ見えたものが何なのか,もう一度自分の目で確かめたくて仕方なくなっているのです。

「一瞬だけ見えたもの」によって,子どもたちの主体的

な姿が強く引き出されたと言えます。

❷他者と確かめたくなる場

この後，もう一度絵を見せます。今度は先ほどよりも少しだけ長く見せます。

C やっぱりあった！ 3番目にあったよね？
C え？ 4番目じゃない？

左から数えた子と，右から数えた子の間で考え方にズレが生まれたのです。

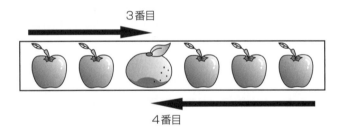

このように，「一瞬だけ見せる」ことを何度か繰り返すと，子どもたちが「対話」で語る言葉も，より具体的なものになっていきます。

授業の準備を丁寧にするということは，とても大切なことです。でも，子どもにとって，**わかりやすく，見やすく，丁寧に問題を提示されることが，必ずしもいつでもよいとは限りません。**

逆に，このような一見乱暴にも思える「一瞬だけ見せる」という手法を使うだけで，子どもたちが一点に集中して見る場をつくり出すことができるのです。

そして，そこには，自分たちが見たものを他者と確かめようと，能動的に「対話」する子どもの姿が生まれるのです。

アイデア9
一部分だけ見せる

　前項では,「一瞬だけしか見えないものの正体を知りたくなる」という,人の心理を利用した手立てを紹介しました。

　一方で,人が何かの正体を知りたくなるのは,それだけではありません。

　例えば,「じっくり見ることができたとしても,どうしても,その一部分だけしか見られない場合」などがあります。

　大きな湖の水面に,何やら黒い影の一部がずっと動いている姿が見えたならどうでしょうか。

　「あれ？　何かいるんじゃないかな。もしかして…ネッシー？」

　過去にはそんなことで,その正体について世界中を巻き込む「対話」が生まれたわけです。

❶「一部分だけ見せる」を授業に取り入れる

　この手法を,授業にも取り入れてみます。

　4年生の面積の学習です。右のような図形の面積を求めさせる際,み

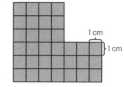

なさんならば,これをどのように提示するでしょうか。

私なら,まずは,左から少しずつ見せるでしょう。

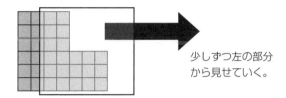

少しずつ左の部分から見せていく。

C あ！ きっと長方形だね！
C 上か下の部分も見せて！
C そうそう。あとは上か下が見えれば,もう,面積を求められるよ！

このように提示すれば,上記のような子どもたちの言葉を引き出すことができるはずです。

このように,子どもたちは見えている一部分から図形の全体像をイメージし,それについての「対話」を始めるのです。

❷別の「一部分」を見せる

T 上か下の部分が見えると何かいいことがあるの？
C だって，長方形の面積は縦と横の長ささえわかれば，全体が見えなくても…。

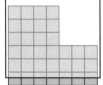

ここで，満を持して下の部分も見せていきます。

C あ！　わかった！　もう，面積を求められるよ。

ここで，一度，自分がイメージしている図形の面積を求めさせてもいいかもしれません。

どちらにしろ，この後に全体を見せたときの子どもの反応は言うまでもありません。

C ええ!?　そんなあ。長方形じゃないの!!?
C これじゃあ面積は計算で求められないよ…，いや，ちょっと待って！　求められるかもしれない!!

このような提示の仕方をしていくと，<u>右図のように面積の求め方を考える子が多く出てきま</u>す。

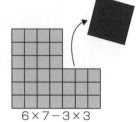

6×7−3×3

一度，大きな長方形をイメージした後，その一部が欠けていると見たことから，このよ

うな発想へとつながったというわけです。

つまり，**「どの一部分をどのように見せるか」によって，子どもたちのイメージすることは変化し，それによって考え方も変化してくる**ということです。

ですから，何でも闇雲に「一部分だけ見せればいい」ということではないのです。

この教材で，**子どもたちの「どんな言葉を引き出したいか」「どんな発想を引き出したいか」「どんな対話を生みたいか」これらに合わせて，見せる「一部分」を変えていく**ことが大切なのです。

アイデア10
結果だけを見せる

「6個のりんごのうち2個食べたら4個残った」といった場面を算数の学習として扱う場合，多くは，食べた結果である「4個」を求める問題にします。

この場合，問題文の中にそれまでのプロセス（どういう経緯でりんごが4個になったのか）が書かれていますから，考えることはそれほど難しくありません。

でも，今回ご紹介する手立ては，そのような問題のつくりを逆にし，「結果だけ」を先に見せるというものなのです。

❶ 「もし…」で語り合う「対話」を引き出す

先ほどの例で言えば，このような問題になるでしょうか。

> お皿にいくつかのりんごがあって，そのうち何個か食べると，残りのりんごは4個になってしまいました。はじめにりんごはいくつあったのでしょうか。

C 最初にいくつあったかがわからないよ…。

C でも，絶対，4個はあったはずだよね！
C え？ そうなの？ そんなことわからないよ。

　このように問題を提示すると，子どもたちは「りんごが4個残った結果に至るプロセス」をさかのぼり，友達と「対話」を始めます。

C もし，はじめが5個だったら，4個残ったんだから，1個食べたということになる。最初に最低でも4個はないとおかしいよ。
C だったら，6個なら2個食べたことになるし，7個なら3個…
C あ！ きまりが見えてきたよ！

6個なら2個食べた

7個なら3個食べた

　このように，子どもたちは「もし…」と，いくつかの場合を考えているうちに，はじめにあったりんごの数と，食べたりんごの数が伴って変化しているということにまで気づきを広げることができたのです。

❷高学年の例

この方法は高学年においても,次のように取り入れていくことができます。分数のたし算の学習です。

$$\frac{?}{?} + \frac{?}{?} = \frac{2}{3}$$

※ただし,同じ数値で表される分数は使わないこと

考えさせることをもう少し絞り込みたいなら,「たされる数の分数が,$\frac{1}{2}$だったとしたら,もう一方はどうなるかな?」と問うてもよいでしょう。

この問題は難し過ぎるのではと思われる方もいるかもしれませんが,意外にも,どの子も「もし~だったら…」と,友達と「対話」しながら,夢中になって考えることができるのです。

4章
対話につながる！「自力解決」のアイデア

アイデア **11**

机間指導で大きく「つぶやく」

❶自力解決中に教師が何をするか

　子どもが自力解決している時間，みなさんは何をしているでしょうか。

　きっと，子どもがどんな考え方をしているのかを見取ったり，支援が必要な子どもにかかわったりしていると思います。

　このとき，1人にかかわりすぎると全体が見えなくなりますし，全体をぼんやりと見ているのでは，教師としての役割を何も果たすことができません。

　やはり，私たち教師は，**その先にある子どもの「学びの深まり」を考え，自力解決中にも意図的に子どもにかかわり**たいものです。

　私は，このような自力解決の時間に，あえて大きな声で「つぶやく」ことをよくします。あえてというからには，もちろんそこに意図があるわけです。

　「え!?　○○君，式だけじゃなくて図もかいたの？」
　「○○さんは，2つも考えを書いたのかあ」

「え？ やり方は1つじゃないの？ へええ，そうなんだあ」

そんな教師のつぶやきを聞いた周りの子どもたちからは，次々とこんな声があがり始めます。

C 僕も，図をかいたよ！ その方がわかりやすいもん。
C わかるわかる！ 図をかいたら計算しなくてもわかるよね。
C 私は3つ目の考え方を見付けたよ！
C それって，もしかして，わり算を使う考え？ 僕もそれ考えた！

こうして，教師がつぶやいた言葉をきっかけに，教室中に「どう考えるか」についての「対話」が生まれていきます。

❷「対話」によって，自力解決を加速させる

　このような子どもたちの「対話」であれば，たとえ自力解決中であっても積極的に認めていきたいものです。

　自力解決とは，一人で黙々と取り組む時間だけでなく，時には，こうして「対話」しながら問題に向き合う時間があってもいいのです。

　中には，ここでの「対話」がヒントとなり，もう一歩考えを進めることができる子がいます。また，周りの友達が「対話」している声をきっかけに，「図をかいてみようかな」「他のやり方を見付けられないかな」などと考える子も出てきます。

　「対話」を引き出す教師の「つぶやき」によって，自力解決をさらに加速させることができるのです。この効果を考えれば，**教師が自力解決中に休んでいる暇はありません。**

❸自力解決の時間を型にはめない

 このような手立てを取り入れている私の教室では,時には自力解決中に子どもが立って歩いているなんてこともあります。

 また,あちこちで巻き起こっている小さな議論を取り上げ,全体交流へと発展させていくこともあるのです。

 ただし,自力解決のあり方は,**授業の目的やその時間の活動に照らし合わせて使い分ける必要**があります。

 自力解決中に,いつでも「対話」を入れたらよいということではないのです。

 大切なことは,**自力解決とはこうあるべきだという一つの型で考えるのではなく,目の前の子どもたち,そして学習内容に合わせて柔軟に変えていく**ことです。

 そのような捉えのもと,今日の授業ではどの方向に展開するべきかをよく考え,何を大きく「つぶやく」のかを考えていく必要があるのです。

アイデア12
自力解決を切り上げるタイミングを「子どもの姿」で決める

❶自力解決を切り上げるタイミング

「では,まずは自分の考えをノートに書いてみましょう。時間は10分ですよ」

こうしてタイマーをセットして始まる自力解決。

この教師が設定した「10分」という時間。ここにどれだけの根拠があるのか。私はそれを考えることがとても大切だと思っています。

もし,この10分という時間設定の理由が,「なんとなく」だったり,「今日の1時間の授業でここまで進まなければいけないから」というようなものであったなら,やはり,問題があると言えるでしょう。

それは,**設定時間の根拠が,目の前の子どもの姿ではないから**です。

私たちは超能力者や神様ではありませんから,子どもたちの思考が何分後にどのようになっているかなど,的確に予想することはできません。

もちろん,大体の想像はつくかもしれませんが,実際に

取り組ませてみると,子どもたちが意外に苦戦したり,逆に短時間で乗り越えてしまったりすることは多々あります。

　ですから,私は自力解決を切り上げるタイミングの根拠を,**全体交流場面での「対話」の質を想定した上で,実際の子どもの姿を見て決めるべき**だと考えているのです。

❷どんな質の「対話」を想定するか

　全体でどんな「対話」を通して学びを深めさせていきたいのか。

　まずは,この想定を基に,子どもが**「自力解決段階で,何が見えていればよいのか」「どんな意識が芽生えていればよいのか」を考え,自力解決を切り上げるタイミングを決めていきます。**

　例えば,「よりよい方法を見付けていく」ような「対話」

を全体交流の場で想定していたとします。このような場合なら，考えが多様に出てくるように自力解決の時間はある程度多く必要になってくるでしょう。

　一方で，新しい概念の獲得を学級全体の「対話」の中で強く印象付けたい場合や，子どもの発言をゆっくりと紡ぎながら明らかにしていきたい場合などがあります。
　このようなときは，自力解決中の「対話」が生まれてしまう前に切り上げるタイミングがやってくるはずなのです。

　いずれにせよ，**ある程度の時間の予測はできたとしても，自力解決を切り上げるタイミングというのは，最終的には子どもたちの姿を見ない限りはわかりません**。
　つまり，子どもの姿を見る前にタイマーで時間をセットすることは，本来はできないはずなのです。

　だからこそ，その大切なタイミングがいつ来るのか，予め想定した「対話」の質を基に，**子どもの様子を見取ることに最大限アンテナを張っていなくてはならない**のです。

　「この考え方の子が３人くらい出てきたら」「どの子も，問題に対する自分なりの判断をもった段階で」「２つ目の方法をクラスの $\frac{1}{3}$ くらいの子が見付けようと考え始めたら…」

　それは，教師自身にとって「子どもの姿を見取る目」を鍛えることにもつながっていきます。
　ですから，自力解決中に教師は一瞬たりとも子どもの姿から目を離してはいけないのです。

　突然現れるかもしれないそのタイミングを見逃さないように，全神経をそこに集中させていく必要があるのです。

アイデア 13

ノートづくりの軸を「板書を写す」から「自分の考えを書く」にさせる

❶書くことの目的

「書く」という活動は，教科問わずとても大切な活動として授業の中に位置付きます。

みなさんは子どもに何かを書かせるというとき，それをどのような目的で設定しているでしょうか。

私は，子どもにとっての**「書く」活動の目的**を大きく以下の3つで捉えています。

①考えるため
②整理するため
③伝えるため

例えば②であれば，子どもが板書を写してノートに整理する場面や，これまでの学習を振り返ってまとめる場面などがあるでしょう。③であれば，ポスターや新聞を書く活動などがあります。

一方で，この中であまり重視されていないと私が感じるのは，①の「書く」目的です。

この，「考えるために書く」というのは，必ずしも②や③のように整理された書き方にはなりません。書いている

ときがまさに考えている真っ最中ですから,書くことがまとまりなく断片的だったり,誤ったりしていることもあるはずなのです。

　私たち大人でも,ふと考えごとをしながらそれをメモ書きした場合,後から見ると,「様々なことがまとまりなく書かれていた」ということはあるのではないでしょうか。

　これは,子どもも同じです。書き始めたときには,まだ「完成図」は見えていません。途中でたくさんの間違いをしますし,見通しのない書き方をすることがたくさんあるのです。
　ですから,「考えるために書く」場を授業の中に設定するときは,**はじめから全体を見通したような美しいノートを要求しすぎてはいけません。子どもが「考えること」にノートを使うことを恐れるようになってしまうから**です。

　もちろん,ノートを美しく書くことは悪いことではありません。汚いよりも綺麗な方がよりよいでしょう。
　ただ,それを重視させすぎると,**子どもは「考える」ためにノートを書かなくなり,「完成済みの板書を写す」ことばかりに集中するようになってしまう**のです。
　結果,参考書のような美しいノートを仕上げているのに,学習内容を全然理解していない…ということが起きてしまうというわけです。

❷自分の立場を明確にし，他者と「対話」する

　算数という教科で，はじめに重視させたい「書く」は，やはり，この**「考えるために書く」**だと私は考えています。

　自分の考えをもてない子が，他者と「対話」など到底できないからです。

　ですから，頭の中だけで考えさせるのではなく，断片的でもいいから考えたことをノートに書き出させます。そして，それを紡ぎながら自分の考えを創り上げていけるようにするのです。

　子どもたちは，こうしてはじめて自分の立場が明らかとなり，友達との考え方の違いに対して敏感になっていきます。

　そして，その違いから生まれた「問い」が，他者との「対話」へと自分を向かわせていくのです。

ただ，高学年の子どもの場合，「ノートとは板書を写すものだ」といった考え方をもっている子が多くいるでしょう。そのような子には，いきなり「考えを書くことの方を重視しなさい」とだけ言っても，なかなか変わっていきません。

　そんなときは，「板書は写真に撮って，ノートに貼れるように用意するからね」と伝えてあげるのも一つの手です。きっと，安心して考えをたくさん書いてくれるようになるはずです。

4章　対話につながる！「自力解決」のアイデア

アイデア14
「わからない」をたくさん書かせる

❶「わからない」を恐れない気持ちをノートづくりで育む

　子どもが書いているノートの中身を見ると，およそ自分が「わかったこと」や「黒板に書いてあること」で埋め尽くされていることがあります。

　また，「自分の考えを書きなさい」と言っても，自分のノートの中ですら間違うことを恐れたり，思考錯誤した跡を残すことを嫌がったりする子もいると思います。

　このように，**「わからないこと」を恐れている状態では，子どもは他者と「対話」することになかなか積極的になれません。**

　それどころか，ノートを見られることを拒否したり，隣の友達と答えが違うと，自らの考え方を書き換えてしまったりすることもあります。

　ですから，「わかったこと」ではなく，「わからないこと」を大切にしたノートづくりを，子どもたちと共につくり上げていく必要があるのです。そして，それを価値付けながら授業を展開していくのです。

❷ノートに「？」を書き込む

　では，どのようにして「わからないこと」をノートに書けるようにさせていくのか，その方法を具体的に見ていきたいと思います。

　まず，自力解決のときでも，話し合いの最中でも，「わからない」と思ったら，その場でそれをノートに書き込んでよいことを子どもたちと約束します。

　実は，子どもが「わからないこと」をノートに書きたがらない理由の多くは，周りのみんなが「わかっている」中で，自分だけが「わからないこと」を書くのが恥ずかしいからです。

　ですから，このようにみんなが「わからないこと」を書くことがノートづくりの前提になっていると，<u>多くの子が抵抗なく書けるようになる</u>ものなのです。

　それでも，はじめは少し戸惑う子がいるかもしれません。そんなときは，私は「？」マークだけをノートに書き入れさせるようにしています。
　これなら，どの子も手軽に，そして，より抵抗なくノートに書き込むことができるでしょう。

　そして，時々，「？」のたくさん書きこまれたノートを

全体の場で紹介しては,「この『?』がたくさんあるノートは,とてもいいノートですね」「自分の『?』を大切にできる子は,どんどんかしこくなりますよ」と価値付けていきます。

すると,どの子も自分の中の「わからないこと」を大切にし,より積極的に書くようになっていくのです。

❸ 「わからない」がわかるようになる

「わからない」で困っている子に,「どこがわからないのか」を尋ねると,黙り込んでしまうことがあります。これは,子ども自身が「わからないところがわからない」からです。

そのような場合にもこの手法を取り入れることがとても有効です。

子どもは,「わからない」と少しでも感じた瞬間に「?」

を書き込むようになりますから、次第に、「わからないところがどこなのかが、自分でもわかるように」なっていきます。

つまり、自分の「わからない」部分をメタ認知できるようになるのです。

「自分がわからないところ」を自覚することができれば、友達に聞くことができるようになります。

また、教師がその「わからない」を取り上げて授業を展開することもできます。

もちろんそのためには、「わからない」を共有できる学級風土と、それを中心とした「対話」を構成する教師の力がなくてはなりません。

でも、その土台には、子ども一人一人が「自分のわからない」を自覚し、それを恐れずに表現できる力が必要なのです。

アイデア15
ノートにツイートを書かせる

　前項では，ノートに「わからない」を書き込む方法を紹介しました。

　本項では，そのようなノートづくりをさらに進化させ，より「対話」が生まれやすくなるような手立てについて紹介していきます。

❶忘れる前に「ツイート」する

　世の中では，「Twitter」というものが随分と流行っているようです。私は使用した経験がないのですが，常々，この手法を学習に生かせないものかと考えていました。それが「ノートにツイートを書かせる」という手立てです。

　考えたことや思ったことというのは，時間が経つと忘れてしまうものです。ですから，それをあの「Twitter」と同じように，ノート上に記録として残すようにしてはどうかと考えたのがこの方法なのです。

　ノートにツイートを書かせると，子どもたちは自分の思いや考えに対して自覚的になっていきます。その結果，自分の考えに対するこだわりも強く出てきます。これが，他

者との「対話」にも大いに生きてくるというわけです。

❷自らの学びに自覚的になる「ツイート」

この手立てを取り入れる際,いきなり「ツイートを書いてごらん」と伝えても,子どもたちはどうすればよいのか戸惑ってしまうでしょう。

そこで,まずは自力解決中にこのように伝えます。

「今,どんなことを考えていますか?」「この後,どうしようと思っていますか?」

はじめは数人しか手があがらないかもしれません。
自分が何を考えていたかなんて,ほとんどの子どもたちはこれまで意識したことなどないからです。

4章 対話につながる!「自力解決」のアイデア 115

「今，1つの方法でやってみたんだけど，上手くいかなくて，やり方を変えようかなと思っていました」

こんな風に言えた子がいたなら，それを大いに褒め，価値付けていきます。そして，「今のような思いを，ぜひ，ノートの中に吹き出しで書き入れてごらん」と伝えるのです。さらに，こんなことも伝えます。

「そのときそのときに思ったことや考えたことというのは，時間とともに忘れていってしまいます。だから，それを残していくと，自分の考え方の変化や成長がとてもよくわかりますよ」

このようなことを繰り返しているうちに，次第に子どもたちはノートにツイートを書けるようになっていきます。コツさえわかれば，どの子も書くことができるようになるのです。

大切なことは，**書けた言葉がたった一言であったとしても，それをたくさん褒めていくこと**です。そうして，**時間をかけながら，少しずつ自分の思いを表現することに慣れさせていく**のです。

あせらずゆっくりと，自らの学びに自覚的な子どもを育んでいきたいものです。

5章
対話でつくり上げる！
「全体交流」の
アイデア

アイデア 16

正解とは逆の立場に寄り添う

　子どもに提示した問題。きっと，その正解を教師自身ははじめからわかっていることでしょう。ですから，ついつい子どもの口から出た正解や，それに近付く発言に飛び付いてしまうことがあります。

　しかし，これでは「正しさ」ばかりを求める展開となり，「対話」を通した学びが生まれにくくなってしまいます。

❶教師の立場を変える

　そこで，**教師の立場を真逆に変える**ことを考えてみるのです。つまり，**学級の中で最も理解に時間がかかる子の立場を，教師自らがとる**ということです。

　2年生のかけ算の学習を例に具体的に説明します。

> 4つの皿にケーキがそれぞれ6個ずつ乗っています。ケーキは全部でいくつあるでしょう。

　これを見た子どもたちが，6×4と4×6の2通りの考え方に分かれたとします。

　このとき，問題文と対応する式は，6×4です。

　でも，ここではあえて4×6の考え方から指名していき

ます。そして,「4つの皿に6個だから,僕は4×6だと思います」という子どもの発言に対し,**「なるほど。確かに4×6だね」と寄り添っていく**のです。

すると,6×4で考えている子どもたちからは反論が出てきます。こうして,両者の間に問題場面の解釈に対する「対話」が生まれていくのです。

C それだとおかしいと思う。だって,ケーキの数が知りたいんだから,6個が4皿分で…
C でも,問題文に出てくる順の通りだと4×6じゃない？
C 文に出てくる順番は関係ないよ。この場面はね…

こうした「対話」を通して,子どもたちは図と式と言葉を結び付けながら,かけ算の意味理解をさらに深めていくのです。

教師が正解の方へと引っ張ろうとすると,子どもたちはそっぽを向いて遠くへ行ってしまいます。逆に,このように教師が正解とは逆に進もうとすると,子どもたちはそれを引き戻そうと,自ら動き出すものなのです。

アイデア 17
話を「黙って最後まで」聞かせない

「お話を聞くときは、話している人の方におへそを向けて、いい姿勢で黙って最後まで聞くこと」

　私は教師になったばかりの頃、このように指導することは当たり前だと考えていましたし、疑いもしませんでした。
　なんとなく、「そういうものだ」「それが正しい」と思い込んでいたからです。
　しかし、この指導、本当にいいことばかりなのでしょうか。
　確かに、話をしっかり聞くことは大切なことです。ですから、「聞く」ことの重要性は、積極的に子どもたちに伝えていくべきでしょう。
　ただ、「どうやって話を聞くのか」ということに関しては、もう少し考えてみる必要があるかもしれません。

❶能動的な聞き方への変換
　ご自身が一方的に話を聞かなければならない場面を想像してみてください。きっと、私たち大人であっても、**「黙って話を最後まで聞く」**ことは、極めて辛く苦しいことのはずです。

しかも,「よくわからない」ことがあっても,それをその場で聞くことができないのですからなおさらです。

　このことからも,**「わからない」ことを「わからなくなった瞬間」に聞けない授業にしてしまうというのは,算数が苦手な子にとって学びを進めるのに困難な状況をつくってしまうこと**だと言えるでしょう。

　そう考えたなら,話し合いについていけなくなる子どもの気持ちがよくわかります。
　そこで,「話の聞き方」として,次のようなことを子どもたちに伝えていきます。

　「友達が話しているとき,"なるほどな"と思うことがあったなら,そのまま声に出してごらん。逆に,もしもわからないことがあったなら,その場で話を止めて聞いてもいいのですよ」

こんな指導をしてしまったら，子どもたちが友達の話をしっかり聞かなくなるのではないかと思われるかもしれません。

　ところが，実際にやってみると，逆に，子どもたちは今まで以上に能動的に友達の話を聞くようになるのです。

「え？　ちょっと待って，それってどういうこと？」
「○○君の言いたいことはこういうことじゃない？」
「ああ！　確かに!!」

納得したことや疑問に思ったことが，その都度，話題となり，それを互いに共有しながら「対話」が進んでいくようになるからです。

　つまり，話し手に「自らかかわっていく場が許されている（自分の気持ちを声に出したり，疑問があれば聞いたり

することができる）」ことで，子どもの聞き方が受け身ではなく，能動的なものへと変わっていくというわけです。

こうして，全体交流の場は，誰かが一方的に説明を続ける発表会ではなくなり，「対話」をしながら考えを深めていく場へと姿を変えていくのです。

❷聞き方を場に応じて使い分ける力

この手立てを取り入れると，算数が苦手だった子どもたちも，みんなと一緒に「対話」を楽しみながら学びを進めていくことができるようになります。

はじめにも述べたように，「黙って最後まで話を聞く」ことは，時には必要なことです。ですから，子どもたちにそうした場を経験させていくことに異論はありません。

でも，**それだけでは足りない**のです。

「話を聞く」ときに大切なことは，**時と場合によって「聞き方」を使い分けられるようになること**だからです。

子どもたちに，「ただ黙って最後まで聞く」ことをいつでも当たり前だと思い込ませるのではなく，時には，「能動的に聞く」ことの大切さを感じさせていく必要があるのです。

5章 対話でつくり上げる！「全体交流」のアイデア

アイデア 18

「判断する場」を何度もつくる

　友達の話を聞かずにボーッとしている子や消しゴムで遊んでいる子，手いじりをする子…。授業中，そんな子の姿は，きっと，どこの教室でも見られることでしょう。

　でも，このような状態では，その子と他者との間に「対話」は生まれません。
　自分の考えももたない受け身の姿勢では，他者に能動的にかかわろうとする思いは生まれてこないからです。

　では，どうすればこれを改善し，どの子も意欲的に話し合いに参加させられるようになるのでしょうか。

❶「自分の考え」があるから，他者にかかわりたくなる

　これは，ご自身に当てはめて考えるとわかりやすくなります。
　自分の意見を言いたくなったり，他の人が言うことに真剣に耳を傾けて議論したくなったりするときというのは，必ず，そこに自分なりの考えがあるときのはずです。
　自分なりの考えをもっているからこそ，自分と他者が同じ考えであれば，互いの考えを確かめ合いたくなります。

一方で，意見が違えば「なぜ？」という気持ちが生まれ，相手と話し合いたくなるのです。

　つまり，「対話」をしたくなるその土台には，必ず「自分なりの考え」があるということです。

　そこで，どの子も「自分の考え」をもって他者とかかわれるようにするために，「判断する場を何度もつくる」という手立てを取り入れていくのです。「判断する」ということはつまり，「自分の考えを決める，もつ」ということだからです。

❷「判断する場」をどのように取り入れるか
　このような「判断する場」をつくるには，いくつかの方法があります。

> ①ノートに判断結果を書かせ，終わったら立たせる。
> ②隣の友達に自分の考えを伝えさせ，終わったら立たせる。
> ③ネームカードを黒板に貼らせる。
> ④グー・チョキ・パーなどの合図を決め，一斉に手をあげさせる。

　この中で，一番時間が必要となるのは①です。
　②，③，④となるにつれて，より短時間で手軽に授業の

中に取り入れていくことができます。

　これを，**授業展開や状況に合わせて設定していく**のです。

　例えば，④の手立ての場合，「Aだと考える人はグー，Bの人はパー，別の考えだと思う人はチョキを出しますよ。準備はいいですか？」というようにします。

　コツは一斉に手をあげさせることです。

　こうすることで，よい意味で子どもに「逃げ場」をなくすのです。そして，もし手をあげられない子がいた場合に，こちらがすぐに把握できる状況をつくっていくのです。

　困っている子どもをこちらが的確に見取ることさえできれば，その子どもにかかわったり，どうして迷っているのかを取り上げたりすることもできるというわけです。

　「この考えだと思う人は手をあげてください」と，考え方ごとに順々に聞いていくやり方はよくされていると思います。

しかし，この場合，手をあげていない子が多くいても，教師はそれを全て把握することができません。

ですから，時には「クラスの3分の1くらいの子が手をあげずにやり過ごしていた」などということも起きてしまうのです。

もちろん，時間があれば，①のようにノートに考えを書かせることも積極的に行っていきましょう。

大切なことは，**「自分で責任をもって決断する」ことから，子どもたちを逃げさせない**ことです。

自分の判断基準が曖昧だったり，他人のせいにして決断したりする先に，他者との「対話」など成立しないのです。

アイデア 19
話題に壁をつくる

❶一方向の思いだけを広げない

子どもたちがよく手をあげるということは、それだけ、「言いたい！」「考えたい！」という思いがあふれているわけですから、悪いことではありません。

とは言え、「自分の言いたいことが言えればいい」という、一方向の思いだけが教室に広がるのは困ります。

そのような発言ばかりでは「対話」は生まれませんし、何より学びが深まりません。**各々が言いたいことを言って他人の話を聞かない状態**なのですから、当然のことと言えます。

そこで、子どもから出てきた話題に「壁をつくる」ことが必要になってくるのです。

❷話題に壁をつくるとは

例えば、次のような問題で考えてみましょう。

●はいくつあるでしょうか。
求め方を考えましょう。

4×5, 5×4, 6×4−4

このように，子どもたちの考え方が3つに分かれたとして，例えば4×5の式をはじめに取り上げます。すると，周りの多くの子は，「他にも方法があります！」と言って手をあげ始めるでしょう。
　これは，**友達が発言した内容に対して考えるよりも，自分が見付けた方法を言いたくて仕方ないから**です。

　まさにこのようなとき，話題に「壁をつくる」のです。
　「他の考え方は少し待ってね。○○くんは4×5と言ったけれど，この図の中に本当に4×5なんて見えるかな？」
　このように，**他の考え方との間に壁をつくり，この4×5に絞り込んで子どもたち全体に問う**のです。

　すると，子どもたちからは「4×5が見えたよ！」「なるほど！　○○君の気持ちがわかった！」といった発言が出てきます。
　こうして，自分の考えの発信だけにしか意識が向いていなかった子たちに，他の考えとの接点をつくっていくのです。

　この手立ては，次第に子どもの学び方としても定着していきます。教師から働きかけなくとも，子ども自らが他者の考えにかかわろうとするようになっていくのです。

5章　対話でつくり上げる！「全体交流」のアイデア

アイデア20
「つなげる発言」から取り上げる

❶子どもが手をあげるときに発する言葉を聞き逃さない

「話題に壁をつくる」ために,教師から問う方法もありますが,子どもの言葉をもとに展開していくという方法もあります。それが,「つなげる発言から取り上げる」です。

この「つなげる発言」とは,子どもが発言する際に使う,「ということは」「つまり」「だったら」「でも」というような,**他者の発言に自分の思いや考えをつなげていこうとする言葉**のことです。

例えば,誰かのある発言の後に,多くの子が手をあげるような場面があると思います。このとき,その子どもたち**が発する言葉を注意深く聞く**のです。

すると,「はい」とだけ言っている子,「別の考えがあるよ!」と言っている子,「でも!」「だって!」というように,**前の発言につながる意見を言おうとしている子**,このような違いがあることに気付くはずです。

このときに,「友達の意見に"つなげて"言いたい人がいるよ。とても素敵だなあ。よし,まずは,その考えから聞いてみようか」と,「つなげる発言」を価値付け,先に取り上げていくのです。

❷「つなげる」ことの価値を実感させる

このような「つなげる発言」は,他にもいろいろと種類があります。「え? どうして?」のような疑問を表す言葉,「やっぱり!」「そうそう!」のような共感を表す言葉,「だって」のような補足を表す言葉などです。

でも,このような言葉を「発言の仕方」として教え込んではいけません。**教え込んだ途端にそれは学級の「ルール」となり**,子どもが価値を感じて自ら使う言葉ではなくなってしまうからです。あくまで,**子どもから出てきた発言を価値付けて,広げていく**のです。

教師が「つなげる」ことを大切にしていけば,子どもたちも「つなげる」ことの価値を感じていくようになります。そうやって,他者の考えを大切にする姿勢を育むことで,「対話」が生まれる場をつくっていくのです。

アイデア21
子どもの言葉を そのまま「問い返す」

❶教師の親切なかかわりが，子どもから「対話」を奪う

授業中の子どもの発言に対して，次のように感じたことはないでしょうか。

「これだと何を言っているのか周りの子に伝わらない」
「このままだと説明が不十分だ」

そんなとき，**ついつい子どもの言葉を言い換えたり，説明を補ったりしてしまうことは，教師にはありがち**なことです。私もかつてはよくそうしていました。

ところが，あるとき私は，このような**親切な教師のかかわりが，子どもから「対話」を奪っている**のだということに気付きました。

そもそも，「上手く伝えられない，説明が十分でない」からこそ，互いに言葉を補い合い，「何を言いたいのか」と「対話」する必要感が子どもの中に生まれます。

つまり，私たち教師がよかれと思って子どもの言葉を言い換えれば言い換えるほど，逆に子どもたちからは「対

話」の必要感を奪っていることになるのです。

❷「対話」を生む問い返し

　ですから，子ども同士の「対話」を活性化するためには，できる限り「子どもの言葉をそのまま問い返す」ことが大切なのです。

　6年生の「対称な図形」の学習を例に具体的にお話しします。
　まず，右のような図を提示して，「この図を鏡のように右に開くとどんな形が表れるかな？」と問います。

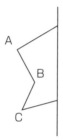

　そして，子どもたち一人一人に作図の仕方を考えさせた後，それを説明してもらいます。

C　まず，真ん中の線をはさんで反対側に，点Aと同じように点を付けます。

これに対し，このように全体に問い返すのです。

T　なるほど，この線をはさんで反対側に点Aと同じように点を付ければいいんですね？

そう言って，対称の軸の反対側に適当に点を付けると…

C ちょっと待って！　それじゃあおかしくなる！
C 点Aから真ん中の線までは3cmだったから，反対側もこの線から3cmのところに点を付けなきゃだめだよ！

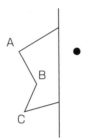

このような声が聞こえてくるのです。
そこで，再びこの発言に問い返していきます。

T わかりました。真ん中の線から3cmのところに点を付ければいいんですね？

すると，子どもたちは何かに気付いたのか，近くの友達と話し始めます。

C それだと，たくさん点があるよ。3cmの点は…ここも，ここも…いくらでもあることになる。
C ああ！　そうか。じゃあ，点Aから真ん中の線に対して垂直な直線を引いて，交わったところから3cmと言えばいいんじゃない？

こうして，教室中には「あれを言えばいいのではないか」「こう説明すればいいのではないか」という「対話」が生まれていくのです。

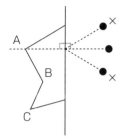

❸子どもの表現力をゆっくりと育む

確かに子どもの言葉というのは，大人が使う言葉に比べてわかりづらいものが多いかもしれません。でも，その言葉にはその子なりに伝えたいことが凝縮されています。

だからこそ，子どもの言葉を大切にし，そのまま問い返していくのです。

すると，子どもたちは自らの言葉の足りなさや不十分さを埋めようと，「対話」を通して徐々にその言葉を洗練させようとしていきます。

そうして，ゆっくりとゆっくりと算数的な表現力というものは育まれていくのです。

アイデア22
板書に吹き出しを書く

❶板書で何を大切にするか

みなさんは普段,どのようなことを大切にして板書しているでしょうか。

私は,あまり板書が得意な方ではないのですが,自分が教師になったばかりの頃と今の板書とでは,明らかな違いがあります。

それは,**板書の中に位置付いている「子どもの言葉」の量**です。

若い頃の板書を見てみると,式や図などを中心に,「どんな方法で問題を解いたか」ばかりが書かれています。

でも,ここからは,その時間の子どもたちの思いやその流れがどのようなものだったのかは,ほとんど見えてきません。

一方，現在の板書では，子どもたちの言葉が吹き出しで位置付いた書き方になっています。

　ここから，以前に比べ，**子どもたちがその時間にどんなふうに考え，どのように解決してきたのか，そのプロセスが見えてくる板書**になったということがわかります。

❷**板書に位置付いた子どもの言葉が「対話」を活性化する**

　教師が積極的に「子どもの言葉」を書くようになると，子どもたちからも，それにつながる発言が多く出てくるようになります。つまり，板書が**「対話」の活性化**に有用に働いているということです。

　私は，**子どもが発言した言葉をできるだけそのまま書く**ようにしています。実際の発言と板書の言葉が一致し，「さっき○○さんが言っていたけど…」と，子どもが自分の考えと友達の考えをつなげて発言しやすくなるからです。

　前項でも述べましたが，教師は，ついつい子どもの言葉を整理し，言い換えてしまいます。

ところが，教師が言い換えたがゆえに，子どもたちの思いとずれてしまったり，逆に，子どもたちにとってはわかりづらくなってしまったりするのです。

　子どもは子どもなりの言葉で，ゆっくりと学びを進めています。そこに教師の言葉で無理やり介入するのは，子どもにとってはいい迷惑になってしまうというわけです。

　次の3年生「大きな数」の学習を例に，より具体的にその効果を見ていきましょう。

　多くの子が「3」と考える中，「300」や「111」などと考える子が現れてきます。

　これを板書していくと，子どもたちからはこんな声が聞こえてきます。

　このつぶやきをそのまま板書します。すると，途端に子どもたちは隣の子と何やら話し出し，「あ！　わかった。〇〇君の気持ちがわかったよ！」などと発言し始めるのです。

このように，子どもの言葉をそのまま板書すると，その言葉に子どもたちの意識が向き，それが学級全体の問題意識になっていくのです。

C　なるほど！　●がそれぞれ100と10と1と考えたんだ！
C　それぞれ，別のまとまりに見たんだね！

　この後，子どもたちからは「10101」や「10002」など，様々な見方が出てきました。
　その際も，「え？　なんで0？」「2はあり得ないんじゃない？」というような子どもの発言をそのまま板書していきました。

　すると，他の子どもたちもその言葉に着目し，「きっとこういう意味じゃないかな」と，「対話」を通して互いの考えを明らかにしていくことができたのです。

　このように，「子どもたちの言葉を吹き出しで書く」という方法は，子どもの言葉を基に話題を焦点化することができるのです。また，「対話」を活性化し，学びを深めていく方向付けをすることができる有用な手立てとなりうるのです。

アイデア23
「広がる板書」と「流れる板書」を使い分ける

　「板書」とは，学級全体でつくる「ノート」のような役割があります。子どもたち自身が**考え方のつながりを見付けたり，学びを振り返ったり，互いの思いを伝え合ったりする，重要な道具**となるのです。

　そのような大切な役割を担う「板書」ですが，私は大きく次の２つの場合に分けて書き方を変えています。

　①考え方が広がったり，様々なアプローチで考えたりする場合
　②考え方が変化，発展していくような場合

❶考え方が広がる板書

　右の写真は，３年生で分数の学習を行ったときの板書です。この授業では長方形を分割する活動を通して，$\frac{1}{2}$に対する見方が大きく広がっていきました。このような場合は，中央から広がるように板書していくのが効果的です。
　<u>自分たちの考え方の広がりを意識しながら，「だったら，これもできるよ！」「それはこっちの仲間じゃないかな」と，板書を介した「対話」が生まれやすくなるからです。</u>

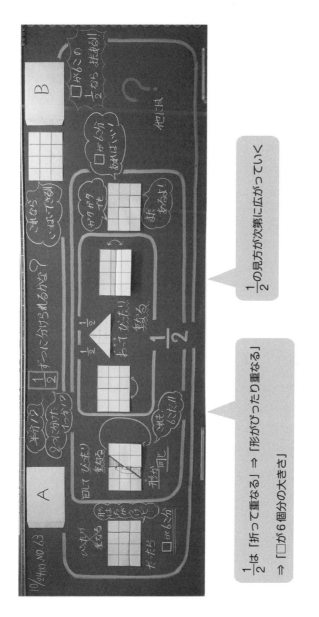

5章 対話でつくり上げる！「全体交流」のアイデア

❷考え方が変化，発展していく板書

 一方で，右に示したような授業展開の場合は（4年生の「式と計算」），左から右に向かって流れるように板書していくとよいでしょう。

 ここでは，「2」のカードを4枚まで使って「数づくり」をする学習に取り組みました。

 子どもたちは，「1，3，4，6」などの数のつくり方を生かし，「5」や「7」のつくり方について発展的に考えていくことができました。

 板書を助けに，「だったら…」と友達と「対話」しながら，その先へと学びを進めていくことができたのです。

 このように，板書一つでも，子どもたちの学びの方向付けをすることができます。

 「板書とはこう書くものだ」と思い込まずに，学習内容や，子どもたちに考えさせたいことを基に，柔軟に工夫していくことが大切なことなのです。

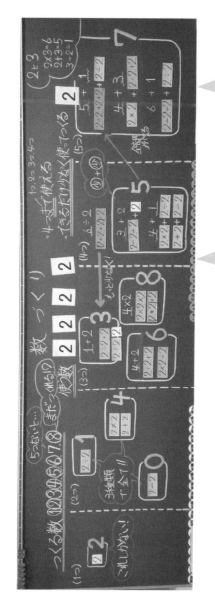

5章 対話でつくり上げる！「全体交流」のアイデア 143

アイデア24
○○だけ取り上げる

❶意見の取り上げ方で、子どもの姿勢が変わる

　せっかく、ある子どもが一生懸命に発表しているというのに、周りの子どもたちの聞き方が能動的ではない。授業中にそのような場面があるかもしれません。

　このような、聞いている子どもたちがその**発表に対して能動的に関わっていこうとしていない状況下では、学びを深める「対話」にはなかなかつながっていきません。**

　でも、もしかするとそれは、教師側による子どもの意見の取り上げ方一つで改善できるかもしれません。

　その方法が、「○○だけを取り上げる」という手立てです。この手立ては、子どもたちの中に「他者の考え方に能動的に関わっていきたい」という「対話」につながるエネルギーを生み出すことができるとても有用な方法です。

　5年生の小数のかけ算の場面で考えてみましょう。

> 1mの値段が60円のリボンがあります。
> このリボン2.4mの値段は何円でしょうか。

式) 60×2.4＝？

このような問題を提示した際，その計算の仕方について，子どもたちから次の4つの考え方が出てきたとします。

①かけ算のきまりを使って，2.4を10倍し，答えを÷10することで求める。(60×24)
②仮に，24mだったらと考えてから，その結果を÷10して求める。(60×24)
③2.4mを240cmだと考えて整数のかけ算にしてから求める。(60×240)
④0.1mの値段を先に考え，2.4mはこれの24倍であると考え求める。(6×24)

ここでは，全体交流であえて上記の考えの「式だけを取り上げ」ていきます。このとき，どの式から取り上げるかで，子どもたちが「対話」を通して深める内容は大きく変わってきます。

③60×240や④6×24の式を先に取り上げれば，当然，①，②で考えた子どもたちの中には「え？ 何で24でなくて240にするの？」「何で60を6にする必要があるの？」という「問い」が生まれ，これらの考え方について「対話」したくなる思いが強くなるでしょう。

ここでは，「単位を換えること」や「何を1つ分と見る

5章 対話でつくり上げる！「全体交流」のアイデア　145

か」について，学びを深めていけるはずです。

　一方で，もし，①だけを取り上げたらどうでしょう。きっと，②で考えている子たちからは「同じ式だけど他の考え方だよ」という発言が出てくるでしょうし，<u>「同じ式なのに考え方が違うとはどういうことなのか」が「対話」の中心となっていくでしょう。</u>

　ここでは，「かけ算のきまり」と，「24m分を求める考え方」のつながりを見いだしていくことができます。

　このように，考え方の全てを説明させるのではなく，式だけを取り上げることで，<u>「互いの考え方を知りたい」という思いを引き出していくことができるのが</u>，この手立てのよさです。

　そして，この思いは，学びを深める「対話」へとつながっていくというわけです。

❷考えさせたいことの本質につながる○○を取り上げる

　このように取り上げると有効なのは，式だけではありません。他にも次のようなものが考えられます。

- ・答えだけ
- ・操作だけ（どのように動かしたか，折ったか…etc）
- ・一方の理由だけ
- ・図だけ

・線だけ（図にかき込む線だけ）
・変化だけ（どれくらい変わったか）　　　　…etc

　大切なことは，**その時間に考えさせたい本質につながる「○○だけ」を取り上げる**ということです。

　第3章「『問題提示』のアイデア」でも述べましたが，人は何かの一部しか見えないとき，その全体像を知りたくなる心の働きをもっています。

　それが，**自ら他者にかかわっていこうとするエネルギーとなっていく**のです。

アイデア25
ペア交流を意図的に取り入れる

❶ペア交流とは

「ペア交流」とは，近くの友達とペアを組んで「あるテーマ」について話をさせるというものです。

もう随分と前になりますが，筑波大学附属小学校の算数部の先生方が「ペア交流」というものを授業に取り入れているのを見させていただいてから，私もこれを自分の授業の中で取り入れるようになりました。

例えば，ある子どもの発言に対して，その内容がどういうことであったかについて，学級全体で「ペア交流」を取り入れるという方法があります。

人は，何事も全員が同じ速さで理解，納得するわけではありません。そこには，必ず，時間差というものがあります。

ですから，授業中に少し難しい内容の発言が子どもから出たなら，そのタイミングで，次のように子どもたちに伝えるのです。

「〇〇君はどういうことを言いたかったのかな。隣の友

達と確認してごらん」

こうすることで，自分の言葉で友達に伝えたり，友達の話を聞いたりすることを通して，どの子も理解を深めていく時間をつくることができます。

「ペア交流」は他にも，「明らかとなったことを再確認するとき」や「説明の練習」，「多様に生まれた考えを，子どもたちは伝えたくて仕方ないけれど，その時間内で全員分を扱えない場合」など，様々な場面で応用して使うことができます。

❷ペア交流 ≠ 対話

ただ，気をつけなくてはいけないのが**「ペア交流」そのものが「対話」ではない**ということです。

この手立てはあくまで，子どもが友達の考えを自分の中に取り入れたり，理解したことを互いに共有したりすることで，**その後の「対話」に生かせるようにすることが目的**なのです。

だから，ただ闇雲にペア交流をするのは問題があります。

その時間に一番考えさせたい場面などでこの手立てを使ってしまうと，「子どもが一人で考える場」を奪ってしまうことになりかねません。

あくまで，**意図を明確にもって「ペア交流」を取り入れることが大切**なのです。

アイデア 26
友達の「気持ち」を考えさせる

❶「発信」⇒「受信」

これまでも,子どもが「発信」だけではなく,「受信」にも意識を向けられるようにすることが,「対話」を成立させる上で大切であることを述べてきました。

ここでは,そんな子どもの「受信意識」をさらに高めるために,「友達の『気持ち』を考えさせる」という手立てを紹介したいと思います。

これはその言葉通り,子どもたちに友達の発想の背景を考えさせていくという手立てです。

❷友達の発想の背景を想像させる

4年生の分数の学習を例に考えてみます。

> 3mの紙テープから$\frac{1}{4}$mをつくりましょう。

子どもたちの考えが「3mの$\frac{1}{4}$」と「1mの$\frac{1}{4}$」の2つに分かれ,その違いについて大きな議論が起きる場面です。

ただ,その議論が一向に噛み合わず,話し合いが平行線で進んでしまうということも多々あります。

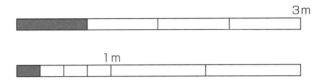

そこで,「お互いに,相手がその長さを$\frac{1}{4}$mだと考えた気持ちを想像してみましょう」と投げかけるのです。

C どちらも$\frac{1}{4}$にはしているよ。

C 4等分している長さが1mと3mで違うんだ!

C 3mの$\frac{1}{4}$と考えている人は,例えば2mのときはどう考えるの?

C 1mをもとにしている人は,テープが何mでも,とにかく1mを4等分しなければいけないと考えているんだ!

このように,子どもたちは互いの発想の背景を探りながら「対話」を進めていきます。そして,「もとにする量」に違いがあるということを見付けていくのです。

この手立ては,次第に子ども自身の学び方として自然と身に付いていきます。

子どもたち自身が自ら相手の気持ちに寄り添い,「対話」を通して学びを深めていくようになっていくのです。

アイデア27

「間違い」を「間違いじゃなく」する

❶「間違い」を授業の中で生かすとは

私は、子どもから出てきた**「間違い」にこそ学びを深める大切な要素が凝縮されている**と考えています。

みなさんは授業の中で、この「間違い」をどれくらい大切に扱っているでしょうか。また、どのように生かしているでしょうか。

その「間違い」を生かす方法の一つが、ここで紹介する手立てです。

これは、「もし、その考え方が正解になるような問題だったら…？」と、問題自体を変えさせてしまうというものです。

3年生「かけ算の筆算」の学習を例にお話しします。
まず、単元名を伏せたまま次のような問題を提示します。

> 24枚入りの高級画用紙の束(たば)を2束(たば)買います。
> 画用紙は全部で何枚になるでしょう。

すると、次の2つの考えが出てきました。

①24×2＝48（枚）　　②24÷2＝12（枚）

　単元名が伏せられていたことから，かけ算とわり算の違いが明確になっていない子が，「わり算」の式を立ててしまったのです。

　このとき，「24÷2は間違えている」で終わらせず，「では，24÷2が正しくなる問題につくり変えてみましょう」と，子どもたちに投げかけるのです。

❷新しい問題場面をイメージさせる

　子どもたちは問題文や図などをかきながら，24÷2になる問題場面を新たに考えていきます。

C　24枚の画用紙を2人で分ける問題にすればいいんじゃない？

C　私もそう考えたよ。

C 他にも，24枚の画用紙を2枚ずつ配ると…でもいいよね。

T 同じ数値だけれど，かけ算とわり算，どちらの問題もつくれましたね。

C かけ算は「24枚」がいくつ分かある問題だし，わり算は「24枚」を分ける問題になるよ！

　この手立てを使うことで，子どもたちの学びが，与えられた問題を解決する過程から，自分たちで問題をつくる新しい学びの過程へと変化していることがわかります。

　また，それと同時に，これまでの学習を振り返り，さらに学びを深める「対話」にもつながっていったのです。

6章
対話で定着する！「まとめ」のアイデア

アイデア28
「プロセス」をまとめにさせる

❶プロセスとは

「まとめ」と言うと，授業の終わりに「新しく学んだ方法」などを黒板に整理したり，それを子どものノートに写させたりすることをイメージされるかもしれません。

例えば，「異分母分数のたし算」の学習のまとめでは，「分母の違う分数を，分子と分母に同じ数をかけて共通な分母にして計算する」などと書くわけです。

確かに「異分母分数では通分をすれば計算できる」ことを知るのは重要なことです。

でも，きっと**授業の中で何より大切にしているのは，これを子どもたちが見いだすプロセス**ではないでしょうか。

分母を共通にしなければ計算できないという「必要感」を子どもから引き出し，「どうして分母を共通にすれば計算できるのか」の意味を，図などを使いながら明らかにしていく過程を重視しているはずなのです。

このように考えれば，「まとめ」の中身が最終的に「見付けた方法」だけになるのは少しもったいないと言えるわけです。

ですから,「まとめ」にこそ,「プロセス」を入れていくべきなのです。

❷「対話」中の言葉が「まとめ」になる

先ほどの授業で言えば,「等分回数が違うと,足せない理由」や「通分することの意味」を見いだす過程で出てきた子どもの言葉を「まとめ」として位置付けるのです。

「同じ等分回数じゃないと,1つのマス(単位分数)の大きさが違うから足せないんだ」「違うマスの大きさのまま足すと,何分の何かわからなくなる」「通分するというのは,マスの大きさを同じ大きさに合わせることなんだ」このような言葉を「まとめ」にしていくのです。

このとき,説明に使われていた図も一緒にかいておくとなおよいかもしれません。

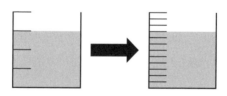

こうした「まとめ」には,話し合ったことを通して学級で創り上げてきた学びの足跡が残ることになります。

つまり,**まとめの対象を「プロセス」にするということは,その時間の「対話」そのものを大切にすることにつながる**のです。

アイデア29
まとめを1時間に3回書かせる

❶目的から「まとめ」を見直す

「まとめ」とは,必ずしも授業の終わりに教師が行うものと決まっているわけではありません。

誰かがそのような規則を決めたわけではないですから,これをもう少し柔軟に考えてみましょう。

そこで,子どもにとっての「まとめ」の目的を改めて考えてみます。

・自分の学びの過程を振り返る
・学びの中で大切だった考え方などを整理する
・何がはっきりして,何が次の課題なのかを確認する

この3つが全てではないかもしれませんが,このように考えると,**「まとめ」を1時間の中に複数回位置付けても問題ない**ことがわかります。

❷「対話」を通して学びを深めるチャンスを広げる

そこで,1時間の中で子どもに「まとめ」を「3回書か

せて」みます。

　1時間の学びを大きく3つの展開に区切り，その都度，まとめとして「自分がそこまでどう考えてきたのか」や「大切だと思うこと」「疑問に思うこと」などをノートに書かせていくのです。

　3回書かせるということは，授業の終わりにだけ書くのとは違い，もう少し<u>短いスパンで学びを振り返ることができますから，子どもにとってはとても書きやすくなります。</u>

　しかも，<u>そこまでの学びを自分なりに整理してから先の学びへと向かうため，その後の話し合いに参加しやすい状況が生まれるのです。</u>

　つまり，「まとめ」を1時間の中に複数回位置づけるということは，どの子にとっても「対話」を通して学べるチャンスを増やすということにつながっていくのです。

6章　対話で定着する！「まとめ」のアイデア　　159

アイデア30
まとめの言葉を話し合わせる

「まとめ」は個々でノートに書かせるだけでなく，学級として整理し，黒板にもしっかり書きたいと思われている方も多いと思います。

とは言え，とりあえず「教師が決めたまとめの言葉を黒板に書く」ということでは意味がありません。

せっかく書くのなら，子ども一人ではできない「まとめ」のあり方と意義を考えたいものです。

❶本気で子どもに委ねる「まとめ」

そこで，「まとめ」の言葉自体を子どもに話し合わせるという手立てをお勧めします。

今日の学習の「まとめ」の言葉をどうするのか，子どもに委ねて考えさせてみるのです。

すると，子どもたちは，「今日の学習ではこれが大切なことだったんじゃないか」とか，「いやいや，こっちの方がもっと価値があるんじゃないか」と話し合い始めます。

ここに，1時間の学びを振り返る，他者との「対話」の場ができるのです。

❷授業の評価にもなる「まとめ」

もし,子どもたちが「結果」や「方法」だけを「まとめ」にしようとしたならば,子どもは1時間の学びの価値をそこに感じているということです。

「こういう見方をしてきたことが大切だ」とか「あの考え方はこんな場合に便利だ」などといったことを「まとめ」にしたなら,**子どもたちは学びのプロセスに価値を感じたということになる**でしょう。

つまり,この方法はある意味で,今日の授業がどうであったのか,教師自身が振り返る場にもなるわけです。

子どもが「対話」を通して,今日の学びを振り返る。それを基に,教師自身も自分の授業を振り返る。

一石二鳥のこの方法を,ぜひ,ご自身の授業にも取り入れてみてはいかがでしょうか。

6章 対話で定着する! 「まとめ」のアイデア

アイデア31

板書の中から
どれを写すかを選ばせる

❶一番大切だと思うことを個々に判断する場をつくる

何を「まとめ」とするかをいきなり子どもたちに話し合わせようとしても，慣れるまでは子どもたちも「何をどう話し合ってよいかわからない」ということもあります。

そのようなときは，「板書の中からどれを写すかを選ばせる」とよいでしょう。

もちろん，ただ板書をノートに写させるだけでは，あまり意味がありません。

大切なのは，**板書の中から，今日の学習の中で一番大切だと思ったところだけを選ばせる**ということなのです。

実際に書かせてみると，「正解を導く方法」だけを書き写す子もいれば，「式だけを写す子」「図なども写す子」「意外だと思った友達の考えを写す子」「みんなで最も議論した部分について写す子」など様々です。つまり，それぞれが大切だと思うところにズレが生じるのです。

このズレを，その後の「対話」に上手く利用していきます。

❷「まとめ」のズレから「対話」が生まれる

まず,子どもがノートに書き写し終わった頃を見計らって,「どこを写しましたか?」と問います。すると,それぞれの選んだ場所にズレがあることが全体の場で明らかとなります。学級でネームカードのようなものを使っているのであれば,これを,選んだ場所に貼りに行かせるのもよいかもしれません。

このように,自分と友達の選んだ場所がズレていることがわかると,子どもたちの中には「なぜ,友達は違う場所を選んだのだろう?」という思いが生まれてきます。この思いこそが,子どもたちを「対話」に向かわせるのです。

そして,今日の1時間を振り返り,学びの価値について考える場が生まれていくのです。

他者の考えと自分の考えとのズレ。これは,「まとめ」を行う際にも,豊かな「対話」を生むきっかけとなり得るのです。

アイデア32

最後にこそ「わからない」を言える場をつくる

❶授業の終わりにも「わからない」は必ずある

子ども一人一人の**理解のはやさやタイミングには違いがある**ことは、これまでにも述べてきました。これは、授業の途中だけのことではなく、終末でも同様のことが言えます。そもそも、1時間の学習の終わりに、全員が全てを同じだけわかっているなんてことはあり得ないのです。

このように考えれば、授業終末に行う「まとめ」のときに、「**全員がわかっている**」**ことを前提にするのではなく、「わかっていない部分が残っているはずだ」と考えて行うことも大切**だと言えるのではないでしょうか。

❷「会話」から「対話」へ

そこで、授業の最後にこそ、「わからない」思いを表現する場をつくることをここで提案します。

方法はとても簡単です。授業の終わりに、「わからない」と思う場所（板書の中）にネームカードなどを貼らせ、その後に、友達と「わからない」ことについてのフリートークの時間をとるだけです。

この段階ではまだ、**教師によって場を設けられただけで**

すから，「対話」をしているとまでは言えません。

　ところが，話をさせているうちに，次第に子どもたちの会話は，互いの「わからない」を基にした「対話」へと変化していきます。

　「これはね，さっきの話し合いの中で〇〇君が…と言っていたんじゃない？」「うん。それはわかっているよ。でもね，よくわからないのは，何でこれが…」

　「わからない」という思いは，「わかりたい」という思いへとつながります。そして，それが子どもを「対話」に向かわせるエネルギーとなっていくのです。ただし，それは**「わからない」という思いを素直に全員が表現できる場があってはじめて成立**します。
　「自分だけがわかっていないのかもしれない」という場では恥ずかしさが先行し，他者と「対話」することを拒むようになってしまうからです。

　子ども一人一人が「わからない」を最後まで大切にする。そして，授業を振り返りながら，互いにもう一度学び合う「対話」が生まれる。

　これが，授業の最後にも「わからない」を表現できる場をつくる，この手立てのよさなのです。

アイデア33

「問題プレゼント」の場をつくる

❶「問題づくり」で「まとめ」をする

「まとめ」の目的を達成するためにできることは，何も黒板やノートに言葉で整理させることだけではありません。

重要なことは，「今日の学びの中で大切だったことをどのようにして再整理させるか」です。

そう考えたなら，その時間の**学びをもう一度再現させる**ことも一つの手立てになり得るということになります。

その一つが，ここで紹介する「問題プレゼント」です。

これは，「その時間に解決したのと同じような問題を，自分でつくって友達にプレゼントする」という方法です。

問題をつくることは，問題を解くことの何倍も理解が必要だと言われています。つまり，「どれだけいい問題をつくることができるか」に，その子の1時間の学びの成果が表れるというわけです。

❷問題を解き合う中で「対話」が生まれる

この手立てを使うと，普段，練習問題などやりたがらない子たちも，とても意欲的に取り組みます。

中には，本時の学習内容を発展させた応用問題をいくつ

もつくる子まで出てきます。

　問題ができ上がったなら，ペアで問題を解き合わせます。そして，解き終わったら互いのノートにサインをさせるとよいでしょう。それだけでも，子どもたちは大喜びです。

「この問題，ここが面白い！」「その問題は思いつかなかったなあ」「え？　何でそうなるの？」「ということは，この数を変えてもできるんじゃない？」

　中には，「問題として成立していないもの」をつくってしまう子もいます。でも，これに教師がかかわり，修正する必要はありません。

　友達と「対話」する中で，自然と問題点が浮き彫りとなり，子どもたちの間で修正されていくのです。
　こうして，問題を考えたり，互いにそれを解き合ったりする中で，子どもたちはその時間に学習したことを学び直し，理解をより深めていくことができるのです。

アイデア34

数値を変えて考えさせる

❶問題のつくり方

問題を友達にプレゼントするにしても,自分で解くにしても,「そもそも問題をどのようにつくってよいかわからない」という子も学級の中にはいると思います。

そのようなときは,「問題づくり」のコツを伝えてあげるとよいでしょう。

そのコツの一つが,学習した問題の「**数値を変えて考えさせる**」というものです。

実はこの方法,**子どもがいつの間にか学習したことを振り返り,そこからさらに発展させて考えていくことにもつながる**,とても有用な方法なのです。

❷新たな問題の発見

5年生の分数のわり算「$\frac{4}{5} \div 2$」の計算の仕方を扱う場面を例に考えてみます。

ここでは,分数を整数で割るときには分子だけを割ればよいことの理由を,図などを通して明らかにしていきます。

そんな授業の最後に,「$\frac{4}{5}$」の分子を違う数値に変えた

問題を子どもたちに考えさせてみるのです。

C $\frac{2}{5} \div 2$なら簡単だね！ だって5つに分けたうちの2つ分を半分にするということだから…
C そうそう。数を変えてもやり方は同じだもんね。
C でも…，$\frac{3}{5}$のときって，どうすればいいのかな？ 分子が割れないよ!?
C 確かに。分子が…1.5だとなんか変だし。こういうときって，どうすればいいんだろう？

　このように，授業の終わりに「数値を変えて考えさせる」と，その時間の学びを振り返り，他者と「対話」する場が生まれます。

　また，その「対話」を通して，時に子どもたちは「新たな問題」を発見していくこともあるのです。

　このような場をつくることができたなら，子どもたちからは「次の時間も算数をやりたい！」そんな声が聞こえてくるかもしれません。

6章　対話で定着する！「まとめ」のアイデア

アイデア35
場面を変えて考えさせる

❶問題の「場面」を変えるとは

子どもに問題づくりをさせる際,「変えて考えさせられる」ものには,他にも「場面」というものがあります。

例えば,
- ひき算をたし算の問題に変えさせる
- 場合の数の学習で"組合せ"の問題を"並べ方"の問題に変えさせる

のように,「この場面に変えてみてごらん」と指定することもできますし,「変え方」自体をある程度子どもに委ねることもできます。

3年生のわり算の問題を例に具体的にその方法を見ていきましょう。

> 24個のあめを6人で同じ数ずつに分けると,1人分は何個になるでしょうか。

子どもたちはきっと,図と式と言葉を結び付けながら,1人分が4個になることを明らかにしていくでしょう。

その上で,授業の最後に「数値は変えずに,場面を変えて問題をつくってみましょう」と投げかけるのです。

　はじめの頃は,教師からやり方を例示してあげてもよいでしょう。

　取り組み方がわかると,子どもたちは自分なりに場面を変えて問題づくりを始めます。

❷既習との違いについて理解を深める場

　しばらくすると,中には次のような問題へと変える子が現れます。

> 24個のあめを6個ずつ袋に分けると,何袋に分けられるでしょうか。

　これは,もともとの「6人で分ける」というわり算(等分除)の問題を,「6個ずつ分ける」というわり算(包含

除)に変えた問題です。

　このような問題をつくる子がいたら,積極的に取り上げていくのです。

C これ,さっきとほとんど同じじゃない?
C 同じじゃないよ。もうひとつの方のわり算だよ。
C え?
C だって,1つ分はもうわかっているから…,図にかくとすぐにわかるよ。

　こうして,子どもたちの間には,「今日解いた問題と自分でつくった問題がどのように違うのか」についての「対話」が生まれていきます。

　そして,再び図と式と言葉を結び付けながら,その違いを通してわり算に対する理解をさらに深めていくのです。

おわりに

　ここ数年,若い先生方の授業を見る機会が本当に多くなりました。そんな中で,私には一つ気になっていることがあります。それは,「授業の中に約束事や決まり事がとても多い」ということです。それはまるで,私自身の若い頃の授業を見ているようなのです。

　私がなぜ,そのようなたくさんの約束事や決まり事を教室に持ち込んでいたのか。その理由は,「ある本の中にそうするとよいと書いてあったから」とか,「そういうものだと思い込んでいたから」ということでした。
　私は何もさぼっていたわけではありません。私なりに一生懸命に考え,調べ,そうやって子どもを指導しようと決めたのです。でも,そこには,最も大切な**「どうして自分の教室にその方法を取り入れる必要があるのか」**という根拠がありませんでした。
　私に足りなかったのは,「その方法が目の前の子どもたちの力を本当に育むことにつながっているのか」を批判的に考え,その答えを自分なりに見付けることだったのです。
　それに気付いたころだったでしょうか。私の授業は日に日に大きく変わっていったのを,今でもよく覚えています。

　本書でも,ここまでにたくさんの「アイデア」を紹介し

てきました。読者の皆様には，明日からの授業にそれらを積極的に取り入れていっていただきたいと願っています。

　ただ，これらのアイデアの根底には，私自身の考える「子ども観」や「授業観」が流れています。ですから，読者の皆様が方法だけを形式的に取り入れては，その本来の効果は得られません。
　その一つ一つを批判的に受け取っていただき，「だから，目の前の子どもたちのためにこの方法が必要なんだ」という根拠を，ご自身で持って取り組んでいただきたいのです。

　そうすればきっと，明日の授業は今日の授業とはちょっとだけ変わってくるはずです。子どもが教師に気を遣うのではなく，自分の学びに真正面から向き合い，少しずつ友達と本音で語り合うようになっていくはずです。
　そんな素敵な授業が広がっていくことこそが，本書の何よりの願いなのです。

　最後になりましたが，本書の執筆を勧めて下さり，出版に至るまでお力添えいただきました明治図書の小松由梨香様には大変お世話になりました。この場を借りて心よりお礼申し上げたいと思います。

2018年1月

　　　　　　　　　　　　　　　　　　　　瀧ヶ平　悠史

参考文献

○清水美憲・齊藤一弥 編著（2017）
『小学校新学習指導要領ポイント総整理 算数』 東洋館出版社
○瀧ヶ平悠史（2017）
『14のしかけでつくる「深い学び」の算数授業』 東洋館出版社
○田中博史（2011）
『田中博史の楽しくて力がつく算数授業55の知恵―おいしい算数授業レシピ2』 文溪堂
○中村光晴（2013）
『思考過程が見える愉しい算数ノートづくり』 東洋館出版社
○奈須正裕（2017）
『「資質・能力」と学びのメカニズム』 東洋館出版社
○正木孝昌（2007）
『受動から能動へ―算数科二段階授業をもとめて』 東洋館出版社
○盛山隆雄ほか 編著，志の算数教育研究会 著（2017）
『子どもをアクティブにするしかけがわかる！ 小学校算数「主体的・対話的で深い学び」30』 明治図書出版
○日本数学教育学会出版部 編著（2009）
『算数教育指導用語辞典 第四版』 教育出版

【著者紹介】

瀧ヶ平　悠史（たきがひら　ゆうし）
1980年　千葉県流山市生まれ。
北海道教育大学札幌校卒業。札幌市立西小学校，札幌市立日新小学校を経て北海道教育大学附属札幌小学校に勤務。
単著に『14のしかけでつくる「深い学び」の算数授業』（東洋館出版社，2017），共著に『平成29年版　学習指導要領改訂のポイント　小学校　算数』（明治図書出版，2017），『「資質・能力」を育成する算数科授業モデル（小学校新学習指導要領のカリキュラム・マネジメント）』（大野桂 編著，学事出版，2017），『子どもをアクティブにするしかけがわかる！　小学校算数「主体的・対話的で深い学び」30』（盛山隆雄ほか 編著，志の算数教育研究会 著，明治図書出版，2017），『算数授業アクティブ化ハンドブック（算数授業研究シリーズ）』（全国算数授業研究会 編集，東洋館出版社，2016）他多数。児童書では，共著に『子供の科学　2018年1月号』（誠文堂新光社，2017），『算数好きな子に育つ　たのしいお話365』（日本数学教育学会研究部 著，子供の科学 編集，誠文堂新光社，2016）。

写真提供協力　（株）491アヴァン札幌

「対話」で学ぶ算数授業
学級全員で学び合うための15のポイントと35のアイデア

2018年4月初版第1刷刊 2018年11月初版第2刷刊	ⓒ著　者　瀧ヶ平　　　悠　史 発行者　藤　原　光　政 発行所　明治図書出版株式会社 http://www.meijitosho.co.jp （企画・校正）小松由梨香

〒114-0023　　東京都北区滝野川7-46-1
振替00160-5-151318　　電話03(5907)6701
ご注文窓口　電話03(5907)6668

＊検印省略　　　　　組版所　共同印刷株式会社

本書の無断コピーは，著作権・出版権にふれます。ご注意ください。

Printed in Japan　　　　　　ISBN978-4-18-228728-2
もれなくクーポンがもらえる！読者アンケートはこちらから →